川藏旅游产业竞争力提升协同创新中心
西部旅游发展研究中心

编委会主任/ 陈云川

川藏线自驾旅游研究报告

(2020)

REPORT ON SELF-DRIVING TRAVEL ALONG THE SICHUAN-TIBET HIGHWAY (2020)

主编/邱 萍
副主编/司 嵬 毛 颖

社会科学文献出版社
SOCIAL SCIENCES ACADEMIC PRESS (CHINA)

《川藏线自驾旅游研究报告（2020）》编委会

序

交通作为旅游的核心要素，对于川藏两地藏区旅游业发展来说，是一个长期的制约性因素。随着交通条件的不断改善，区域旅游业近年来得到高速发展，也促使特色服务业体系逐步形成。自驾旅游作为最重要的旅游出行方式之一，在川藏地区旅游业发展中地位日趋显现，并引起各方的高度关注。

由四川旅游学院牵头成立的川藏旅游产业竞争力提升协同创新中心（以下简称“中心”）长期致力于川藏区域旅游核心竞争力提升的研究，通过聚焦“交通与旅游”主题，提出了“川藏新天路旅游廊道”建设的战略构想，努力为将川藏线打造成国际顶级的线路型旅游目的地献计献策。自驾旅游作为旅游廊道经济的重要组成部分，始终受到中心的高度重视，并从川藏自驾游标准、川藏自驾游领队能力标准、川藏房车旅行文化、川藏自驾游线路与组织等多方面开展研究与探索。为进一步对川藏线自驾游现状和未来趋势进行系统的实证研究，中心策划了川藏线自驾旅游发展研究专题项目，并委托四川旅游学院西部旅游发展研究中心主任邱萍教授组织团队具体实施。

在 2019 年度“川藏旅游发展论坛”上，中心首度发布了川藏线自驾旅游发展研究的成果报告，在进一步吸收本次论坛专家学者、企业翘楚和政府管理者高屋建瓴的观点的基础上，最终完成了

《川藏线自驾旅游研究报告（2020）》。

报告在编撰过程中得到了重庆交通大学、西藏大学、四川快捷叁壹捌汽车旅馆投资管理有限公司、林芝市华侨城南山旅游投资发展有限公司、西藏自治区烹饪餐饮饭店业协会以及四川旅游学院旅游文化产业学院的积极参与和大力支持，在此一并表示衷心的感谢。

陈云川

川藏旅游产业竞争力提升协同创新中心主任

2020 年 6 月 1 日

前　言

《川藏线自驾旅游研究报告（2020）》是受川藏旅游产业竞争力提升协同创新中心委托，由四川旅游学院西部旅游发展研究中心组织编撰的区域自驾旅游研究报告。全书围绕“川藏线自驾旅游”这一主题，通过 1 篇主题报告、14 篇专题报告与 2 个典型企业案例研究，对川藏区域自驾游发展进行了透视与展望。

随着旅游产业向纵深发展，国民出游的个性化需求增加，自驾旅游日渐成为国内旅游的重要组成部分。川藏线上的自驾旅游因其发展历史悠久、时间跨度大，兼具目的地独特的地缘环境、复杂的生态禀赋等属性，逐渐成为国民大众自驾远行追捧的旅游线路，且颇具代表性。主题报告主要包括以下内容。第一，阐述何谓川藏线。厘清 G318、G317、川藏高速公路等概念。第二，以交通为基础，时间为节点，分四个阶段论述川藏线上自驾旅游发展的基本情况：线路条件艰苦，以探险科考为主的萌芽阶段；交通条件改善，以观光旅游为主的起步阶段；交通运输业加速发展，自驾旅游常态化的发展阶段；立体交通体系逐渐形成，自驾旅游市场要素日趋完善的逐步成熟阶段。第三，提出川藏线自驾旅游产业发展存在的主要问题：指导专项产业落地政策欠缺；自驾车营地供给不足；自驾游配套设施缺乏，业态不成熟；自驾游产业体系标准有待构建；自驾游产业遭遇“人才荒”；自驾游市场服务主体有待培育。第四，基于高质量发展的时代背景对川藏线自驾旅游产业未来发展做出了预判并给出了建议：川藏联合发布相关产业政策是自驾游发展的助推器；完善川藏线自驾游配套服务设施是自驾游发展的基石；开发更具特色的川藏多元化自驾游产品是自驾游市场大势所趋；川藏线自驾旅游是促进区域减贫扶贫的重要载体；强有力的川藏市场主体和联盟是自驾游发展的引擎；自驾游信息化产品开发将提升川藏公路自驾游客的深度体验感；川藏自驾游人才的培养及孵化是自驾游发展的保障。

围绕“川藏线自驾旅游”这一主题，我们邀请来自不同领域的学者围绕这条线路的自驾旅游发展进行理性思考。“专题篇”对川藏公路自驾旅游相关产业发展政策、需求与供给市场主体、公共设施与服务、人才支撑等议题进行深入研究。研究者们实地调研了目的地民众对自驾旅游的影响感知与态度，以及自驾旅游对川藏区域减贫扶贫的贡献。同时，对全域化视角下川藏地区公路旅游发展机理及路径、川藏线体育旅游产业发展路径、体育赛事与旅游融合新模式、新时代“两路”精神弘扬与川藏旅游协同发展的若干建议、西藏餐饮为川藏线沿线经济发展赋能等议题进行了分析。“案例篇”中，来自川藏区域投资主体与企业的专家对林芝市华侨城南山旅游投资发展有限公司在提升体验、塑造营地行业的标杆、打造高端营地过程中的思路进行了分析。同时，对四川快捷叁壹捌汽车旅馆投资管理有限公司在318景观大道上的创业发展进行了回溯与分析。

虽然我们在撰写报告的过程中几次推倒重来，数易其稿，目前的内容也存在诸多不足，但《川藏线自驾旅游研究报告（2020）》

坚持贯彻多元价值取向的初心，忠实记录川藏线自驾旅游的发展轨迹和研究者的观察思考，相信报告能够在川藏区域旅游发展的历史节点上为政府决策、产业发展与行业咨询提供智力服务。

在完稿的最后阶段，全球正面临新冠肺炎疫情的肆虐，旅游业正面临前所未有的挑战。我们更需要沉下心来思考发展川藏线区域旅游为了什么，自驾旅游应如何做，以及旅游消费需求发生了什么变化等问题，这将成为下一本报告讨论与呈现的话题。此书是我们“以学术服务社会”的重要载体，以此纪念这段特殊的历史。我们坚信，未来更加美好！旅游能够让生活更加美好！

邱 萍

2020 年 6 月 6 日

目 录

主题报告

专 题 篇

案　例　篇

主题报告

川藏线自驾旅游发展分析与预测

西部旅游发展研究中心*

摘　要： 随着旅游产业向纵深发展，国民出游的个性化需求增加，自驾旅游日渐成为国内旅游的重要组成部分。川藏线上的自驾旅游因其发展历史悠久、时间跨度大，兼具目的地独特的地缘环境、复杂的生态禀赋等属性而颇具代表性。本报告

* 执笔人：邱萍，四川旅游学院西部旅游发展研究中心主任、教授，川藏旅游产业竞争力提升协同创新中心学术委员，研究方向为旅游企业经营管理、旅游标准化与旅游高等教育；司嵬，四川旅游学院副教授，中心特约研究员，研究方向为旅游资源开发与规划、旅游标准化；毛颖，四川旅游学院讲师，中心特约研究员，研究方向为乡村旅游规划、乡村景观设计。

系统地分析了川藏区域自驾旅游现状，提出川藏线自驾旅游产业发展存在的主要问题：指导专项产业落地政策欠缺；自驾车营地供给不足；自驾游配套设施缺乏，业态不成熟；自驾游产业体系标准有待构建；自驾游产业遭遇“人才荒”；自驾游市场服务主体有待培育。报告对川藏线自驾旅游产业的高质量发展做出了预判并给出了建议：川藏联合发布相关产业政策是自驾游发展的助推器；完善川藏线自驾游配套服务设施是自驾游发展的基石；开发更具特色的川藏多元化自驾游产品是自驾游市场大势所趋；川藏线自驾旅游是促进区域减贫扶贫的重要载体；强有力的川藏市场主体和联盟是自驾游发展的引擎；自驾游信息化产品开发将提升川藏公路自驾游客的深度体验感；川藏自驾游人才的培养及孵化是自驾游发展的保障。

关键词： 川藏线　自驾旅游　自驾旅游产品

一　川藏线与川藏线自驾旅游的发展

（一）何谓川藏线

川藏自驾旅游发展中，最重要的基础设施和先决条件即是川藏线交通体系，因为它既承载了川藏地区间基本的物流、人流运输功能，又保障了旅游目的地的可进入性、通达性、便捷性，同时，其质量、结构、布局的升级还会不断促进深层次全域旅游的发展。狭义的川藏线是指连接四川省省会成都市和西藏自治区首府拉萨市的川藏公路系统，包括：一级道路，主要指作为大动脉的南线G318、北线 G317；贯穿其中的二级道路，例如作为小动脉的 G214、G215、G109、S215、S211、S203、S303；以及网络里如毛细血管般的三级道路，即县乡级道路。随着游客出游率的提高和自驾旅游需求的增加，川藏线交通体系的升级与文化旅游、社会经济发展的需求不谋而合，呈现出质量不断提升的趋势。因此，川藏线的含义逐渐拓展，广义上的川藏线即区域内的公路系统、已修建好或规划修建中的高速公路、川藏铁路以及航空线路等共同建构的综合交通网络系统。本报告是以川藏线自驾旅游为载体所进行的研究，以川藏公路体系为交通基础。

1. G318和 G317

G318、G317 是游客对川藏线最普遍、最直观的认识，川藏段均起于成都，再分两路从南北方向一路向西，汇集到西藏自治区。其中，G318 为南线，全长 2140 公里，途经平原、盆地、丘陵、山区、高原等多种地形，涵盖了明显的高低交错变化，以自然景观为突出特色；G317 为北线，全长 2412 公里，以人文风光为主，还分布有雪山、草原、山川等景观资源。两条道路的基本线路走向起源于茶马古道，经过 20 世纪 50 年代进藏部队筑路大军艰苦卓绝的修筑，已成为西藏和内地之间物资和人员往来的主动脉，起到了加强民族团结和思想交流的作用。随着基础设施条件、配套服务设施的不断完善，如今 G318、G317 不仅是运输大通道，还凭借其独特的地形跨越、海拔起伏带来的高丰度景观类型，被评定为“中国最美景观大道”，成为领略美景的“黄金旅游线”。未来，随着高速公路和川藏铁路的加入，G318、G317 将转型成为川藏地区“慢游”交通系统中的主要风景道，成为沿线发展旅游经济的重要走廊。

2. 川藏高速公路

川藏高速，即四川成都至西藏拉萨的高速公路。根据国家高速公路网的路线方案，川藏地区沿用了南北双通道的形式，两条主要高速公路分别为 G4217（川藏北线：马尔康—炉霍—德格—昌都）和 G4218（川藏南线：雅安—康定—巴塘—芒康）。目前，川藏高速正在紧张建设中，其中成雅高速公路、雅康高速公路、拉林高等级公路已全线运营，缩短了旅游者与旅游目的地之间的时空和心理距离，其余路段也正在建设或前期准备中。[①] 建成以后，高速公路体系将弥补川藏公路路况差、事故频发、易拥堵、风险应急能力差的缺陷，节省川藏地区的进入时间和自驾旅游的路途时间，成为川藏综合交通系统中新的主动脉，从而加快川藏地区的"快进"交通网络体系建设，一定程度上分担了 G318、G317 作为主要交通运输线路的压力。

3. 川藏铁路

川藏铁路是中国境内连接四川省与西藏自治区的快速铁路，呈东西走向，为青藏铁路之后国内第二条进藏铁路，也是中国西南地区的干线铁路之一。川藏铁路东起成都市、西至拉萨市，线路全长 1838 公里，将进一步促进川藏两地的经济文化交流合作。目前，成都到雅安段已经通车，拉萨到林芝段正在建设中。[②] 建成后川藏铁路将和高速公路、民航线路等一起组成川藏地区"快进"交通

① "川藏高速公路"词条，360 百科，https：//baike. so. com/doc/25107821-26087071. html。

② 《国家公路网规划（2013 年—2030 年）》，中华人民共和国交通运输部网站，http：//xxgk. mot. gov. cn/jigou/zcyjs/201807/t20180731_3052538. html。

网络体系，提高区域整体的通达度和便捷度。

综上，交通体系中，服务多年的川藏公路是川藏线自驾旅游的基础，川藏公路是人民的、历史的，也是时代的。它承载着全球独特的景观资源、民族文化和国家记忆，也连接着“世界屋脊”青藏高原，注定会成为伴随中华民族伟大复兴和展示各民族人民幸福生活的文化走廊。

（二）川藏线上自驾旅游的特征

自驾旅游是自驾车旅游的简称，亦称为自驾游。随着道路系统的完善、私人交通工具的普及、基础设施和服务配套的升级、旅游信息交互性的增强，自驾旅游作为一种自主旅游模式应运而生。川藏自驾旅游则是指游客自行组织人员并驾驶私家车或租借的交通工具在四川省和西藏自治区范围内，自主地完成旅程及其过程中所有相关的旅游要素和关系的总和。

目前川藏自驾旅游大部分还是依赖于狭义的川藏公路体系，从现阶段情况出发，课题组总结出川藏自驾旅游区别于其他地区旅游、其他旅游形式的四个特征。

1. 线路资源禀赋和密集度高，自驾游客持续增长

川藏线沿线的旅游资源禀赋高，由于其区域、地形、海拔的跨越性，人文景观和自然景观在国内均呈现出民族性和独特性，既可以让游客一路上体验四季的自然魅力，亦可以让其感受到少数民族的文化。另外沿线的景观资源密集程度高，川西林盘、高山峡谷、温泉沟谷、海子湖泊、冰川雪山、森林草原、寺庙村寨等让人目不暇接，不用进入景区人们就能感受到大自然的美景，接受文化习俗

的沉浸式洗礼。因此，前来自驾旅游的游客逐年增长，川藏线成为境内最热门的自驾路线之一，再加上自媒体等的大力推广，川藏自驾旅游的热度始终保持高位。这也预示着传统的公路体系和基础设施、服务配套将面临日益加重的客群压力。例如，2018 年国庆节期间甘孜州就出现了严重的道路拥堵情况。

2. 自驾组织形式多样，旅游方式个性化、灵活化

由于川藏线的线路安排可长可短，目的地选择可灵活组合，全国游客的个性化需求逐渐凸显，因此组织形式逐渐多样化。例如针对外地游客的落地自驾形式，主要落地点为川藏线两端——成都和拉萨，游客可在落地点接收托运来的私家车或租车，再开展自驾；针对外地游客的租车自驾形式，游客可在租车点选择适宜的车型自行驾驶或享受司机服务，继而进行自驾旅游和异地还车；针对团体出游的自驾俱乐部，组建自驾团，提供各种专业旅游产品，包括房车、导游服务、安全保险、旅游攻略、道路救援、食宿安排等；针对单个或者两三个驴友结伴出游的川藏拼车行。总之，整个川藏自驾旅游呈现出区别于传统团队游的机动性和多样性，给时间安排、线路选择、停歇节点选择、旅游主题、旅游品质等带来明显的客群选择差异，对吃、住、行、游、购、娱等自驾旅游消费市场的自由选择，凸显个性化、灵活性。

3. 交通工具性能要求高，驾驶经验需丰富

交通为自驾旅游的快速发展提供必要基础条件，交通工具则是自驾旅游环节中的重要承载物。自驾旅游主要依托家庭拥有或者租借的私家车、房车、休旅车、拖挂车、摩托车等，无须遵循固定的公共交通模式，灵活性更强。川藏地区由于地质情况复杂，现状路

况不稳定，落石塌方、泥石流、雨洪等事件经常发生，对交通工具的性能、硬件和软件设施提出更高的要求，例如，要求汽车驾驶性能良好、通过性强、安全系数高、辅助设施齐全、能量补给充足、导航信息准确等，而且旅程越长，要求越高。另外，对驾驶者的技术、高原适应力、应急能力、统筹能力以及路线、道路熟悉度要求较高。当然，以上要求会随着川藏地区的基础设施、服务设施的改进升级逐渐降低。

4. 地理气候条件特殊，自驾旅游淡旺季明显

川藏公路的修建翻山越岭，海拔落差极大，从最低的海拔 500 米的成都平原，攀升至 5000 多米的青藏高原，而且盘山路、连续转弯路数量多，例如天路十八弯、怒江七十二拐，容易使自驾游客出现高原反应、晕车等身体不适状况，再加上高原天气多变和地质灾害频发，因而，对旅游者的身体素质、心理素质也提出了较高的要求。同时，川藏自驾旅游呈现出明显的季节性。春夏温度适宜，秋季彩林景观突出，成为旅游旺季。但冬季乃至部分高寒地区的秋季和初春的极端天气，会导致道路行车风险提高，从而出现部分道路禁行、景区关闭、旅店停止营业等情况，进入较长时间段的淡季。淡旺季过于分明使当地自驾游市场的应对难度增加，但随着川藏线整体设施的完善，限制条件将逐渐减少。

（三）川藏线上自驾旅游的发展阶段

旅游产业是川藏区域经济发展的支柱产业。其中，自驾旅游是核心部分。川藏线上的自驾旅游因交通条件和旅游客群的不同，对应到市场经济水平和旅游开发程度不同，呈现出阶段性特

征。本文选择川藏自驾旅游中限制效应最大的交通条件为标志节点，按市场主体的需求与供给变化划分出川藏自驾旅游发展的四个阶段。

1. 萌芽阶段：线路条件艰苦，以探险科考为主（1990~1999年）

中国自驾旅游兴起于汽车进入中国普通居民家庭的 20 世纪 90 年代，川藏自驾旅游第一阶段亦开始于 20 世纪 90 年代，属于萌芽起步期。

（1）交通条件

从交通条件看，20 世纪 90 年代初，川藏南北线公路是最主要的交通要道，且大部分承担着地区间物资运输的功能，因此道路受损程度严重。加上地质灾害频发，线路条件艰苦，很多地方车道宽度仅供一车通过，所以，依托道路开展自驾旅游的比例较低。但随着我国中产阶层壮大——根据国家统计局的数据，全国的城镇居民家庭恩格尔系数从 1990 年的 54.2%降到 1999 年的 42.1%，可见家庭的可支配收入有所增长；同时，私家车拥有量从 1990 年的 81.62 万辆发展到 1999 年的 533.88 万辆①——自驾旅游拉开序幕并在川藏地区进入萌芽阶段。

（2）旅游需求

从旅游需求来看，该阶段的川藏自驾旅游属于小众旅游。一是人数上的小众，由于汽车的普及率低，只有中上阶层的家庭才拥有交通工具可以跑川藏线。车型以轿车为主，由于线路条件差，旅行后，车辆避免不了大修大补，因而这种需求只限于少数有经济能

① 国家统计局数据库，http：//data. stats. gov. cn/easyquery. htm？ cn＝C01。

力、有工作需求的人群。二是旅游行为的小众，旅游者多是对川藏地区进行科研考察的工作人员，是国家对川藏地区人才输入的结果，主要为川藏地区的经济开发进行探路导航；没有私家车的游客只能乘坐本地人使用频率较高的公共交通工具展开局部地段的旅游；还有一部分人则为探险爱好者，他们更倾向于骑行或徒步去探索神秘的川藏线。三是需求上的小众，由于20世纪90年代的信息网络覆盖率低，川藏地区自驾信息缺失，经验累积的成果难以在群众中传播，难以触发自驾游的动机。

（3）旅游供给

自驾旅游在国内兴起后，旅游供给开始起步，但由于西部地区发展普遍落后于东部，对于自驾旅游的接受观念存在偏差，尤其是在市场看好团队旅游的情况下，针对自驾旅游的供给能力明显弱于团队旅游，因而在一定程度上制约了自驾旅游市场的快速发展。

此阶段以川藏公路为主要进藏要道，该公路可以满足进出藏各类物质运输与特殊人员往来的基本需求。受限于工作条件，旅游在此阶段仅仅是个概念。

2. 起步阶段：交通条件改善，以观光旅游为主（2000~2007年）

进入21世纪后，国内的自驾旅游进入快速成长时期，川藏自驾旅游也以2000年前后二郎山隧道和成雅高速建成通车为时间节点，开启了川藏自驾旅游的第二阶段。

（1）交通条件

从交通条件来看，首先，G318二郎山隧道的打通缩短了25公里车程，实现了川藏线的一次改造升级，降低了行车风险，海螺沟、跑马山、木格措成为自驾旅游热门景点，带动了四川省甘孜州旅游飞速发展，从而促进沿线地区的发展。其次，2001 年四川省的三州通县油路工程对自驾旅游的交通网络进行了毛细血管的疏通，2004 年拉萨的贡嘎机场经过改建投入使用，2006 年青藏铁路通车，终结了西藏不通铁路的历史。同时，从 2000 年到 2007 年，公路通车里程出现小幅度增长，提高了交通通达度（见表 1）。再次，汽车从高端小众消费转向大众普遍消费，私家车越来越普及，房车、拖挂车也开始进入中国市场，为川藏自驾游的发展提供了交通工具支撑。

表 1　2000~2007 年川藏地区公路通车里程统计

单位：万公里

年份	2000	2001	2002	2003	2004	2005	2006	2007
西藏自治区	2.25	3.55	3.98	4.13	4.22	4.37	4.48	4.86
四川省	9.09	10.87	11.19	11.25	11.30	11.47	16.47	18.94

资料来源：国家统计局分省区市年度数据，笔者整理。

（2）旅游需求

从旅游需求来看，这个阶段的交通限制趋弱，加上消费结构的升级，自驾旅游的灵活性、自主性越来越符合游客的个性化需求。人们通过自驾旅游能更加真切地融入川藏旅游环境中，导致散客化的趋势越发明显，旅行社组织的包团旅游市场份额逐渐下降，旅游形式逐渐由大巴出行向自驾游转变。同时，带薪休假制度的不断改革、自驾旅游的政策导向支持、旅游信息网络系统的逐渐完善和收入水平的持续提高，使观光旅游的游客数量大幅提升。旅游者从小众人群扩展到追求自由体验的年轻人群和经济基础稳定的中年人群，川藏地区的高品质自然资源和独特的人文珍宝向更广的人群揭开了面纱。

（3）旅游供给

2000年国家推进的西部大开发计划，吸引了更多游客、技术人员、经济资本进入四川和西藏地区，尤其是在旅游业方面加强了区域交流合作。随着川藏自驾游需求急剧增长，旅游辐射的范围进一步拓宽，促进了除传统吃住行游购娱之外的市场供给发展，例如汽车旅馆、专业的自驾车队、川藏线俱乐部、旅行社自驾游产品、汽车维修公司、专业人员培训班等应运而生。但由于市场规范性欠佳，各个服务主体呈零散发展状态，并没有形成产业链条。

综上，随着川藏区域交通条件的不断改善，旅游产业方兴未艾。就市场主体提供的产品类型而言，还是以观光产品为主，自驾旅游还处于起步阶段。产业项目间更需要协同发展，以形成更成熟的旅游产品体系。

3. 发展阶段：交通运输业加速发展，自驾旅游常态化（2008~2017年）

2008年四川省汶川和西藏当雄分别在5月和10月发生里氏8级和6.6级地震，局部地段的道路出现了塌陷损毁，交通受到断截式的破坏，尤其是G317四川段损毁严重，导致川藏旅游进入低谷期。

地震灾害的危机暂停了川藏线旅游的发展，但在国家强有力的领导下，灾后恢复重建川藏线让“区域”交通迎来新生。从某种角度来说，危机加速了川藏线区域交通的发展。在党和政府统一领导、统筹规划下，在政策和社会环境的双重引导下，川藏地区的自驾游以重生的姿态开始了新阶段的恢复和加速发展。

（1）交通条件

地震后，由于政府强有力的扶持修建，川藏交通迅速恢复发展（见表2）。2013年10月，西藏墨脱公路正式通车，标志着全国告别“最后一个不通公路的县”。2014年，拉萨到日喀则的铁路建成，反映了西藏交通运输事业的成就。[①] 截至2017年，西藏已基本形成了以公路、铁路、航空为主体的综合立体交通网络。2012年起全国各地方相继发布高速通行费优惠政策，更是带动了自驾车出游的新一波热潮。

表2　2008~2017年川藏地区公路通车里程统计

单位：万公里

年份	2008	2009	2010	2011	2012	2013	2014	2015	2016	2017
西藏自治区	5.13	5.38	6.08	6.31	6.52	7.06	7.55	7.83	8.21	8.93
四川省	22.45	24.92	26.61	28.33	29.35	30.18	30.97	31.56	32.41	33.00

资料来源：国家统计局分省区市年度数据，笔者整理。

国家统计局数据显示，从2010年到2019年，全国私人汽车拥有量增长了近3倍，这也预示自驾旅游市场空间将大量释放（见表3）。

表3　2010~2019年全国私人汽车拥有量统计

单位：万辆

年份	2010	2011	2012	2013	2014	2015	2016	2017	2018	2019
全国私人汽车拥有量	5938.71	7326.79	8838.60	10501.68	12339.36	14099.10	16330.22	18515.11	20574.93	22513.40

资料来源：国家统计局分省区市年度数据，笔者整理。

① 《新闻办就西藏自治区“加强民族团结 建设美丽西藏”举行发布会》，中国政府网，http：//www.gov.cn/xinwen/2019-09/12/content_5429433.htm。

（2）旅游需求

地震并没有导致四川省、西藏自治区的主要景区大范围损毁，损毁重灾区主要集中在都江堰市、汶川县、理县一带。政府和企业做了及时的救援和重建工作，四川省成为全世界关注的地方，震后重建的纪念性景点以及历经劫难依然完好的景点，增加了地方性的神奇色彩。震后中国政府积极作为的出色表现，全国人民、海外同胞万众一心、共渡难关的行动向全世界展现了中国政府和民众的良好形象，有利于灾后遗产地旅游市场的恢复。[①] 加之2008年北京奥运会的举办刺激了全国旅游市场的升温，川藏地区旅游在经历了阶段性低迷后进入繁荣阶段。同时，由于震后实行了对口的扶贫援建工作，因此来自经济发达地区的游客数量出现了大幅增长，尤其是来自北京、上海、广东的远途自驾或落地自驾游客增加了许多。游客们一方面关注震后四川的活力重建，另一方面开始关注川藏地区敏感的生态环境。而四川本省的游客也因为基础设施的改善、生活心态的转变和政策的驱动纷纷前来，使川藏线自驾游逐渐常态化。因而，川藏自驾游的目的更加丰富多元，旅游的需求在安全、品质方面提出了更高的要求。

（3）旅游供给

由于震后政府帮扶政策得力，旅游企业从复苏的角度对自驾旅游的产业进行了更深入的建构，例如增加了自驾游营地、房车租售、汽车旅馆、租车服务、安全保险、领队人员服务等。但自驾游产业链涉及项目较多，第三阶段中难免有行业欠缺合作、上下游不

① 贾鸿雁：《汶川地震对四川遗产地旅游的影响及市场恢复策略前瞻》，《商场现代化》2008年第28期。

通畅的情况，但至少在产业类型数量上有明显提升。同时，当地旅游产业也面临着诸多挑战，例如自驾旅游便捷度和舒适度还需要提升，容易出现交通井喷式拥堵、淡旺季分明、自驾旅游保障不足、设施不完备等问题。

根据SMART与露营天下共同发布的《2016中国露营地行业报告》《2017中国露营地行业投资报告》数据：2016年、2017年藏区营地数量分别为16个、20个（包括在建），在全国均处于倒数第四，仅略高于天津、宁夏及山西三地。这个成绩对于藏区来说已属不易，但旺季的供给不足问题依然凸显。

在第三阶段，灾后重建促进了交通基础设施的发展，极大地提高了川藏区域目的地的可进入性。同时，高速发展的中国经济带来了居民可支配收入的大幅度增长，旅游逐渐成为民众生活的重要组成部分。旅游业态的不断丰富，满足了人民对于美好生活的需求。自驾游成为新宠，极大地刺激了川藏线自驾游的需求增长与供给市场快速发展。

4. 逐步成熟阶段：立体交通体系逐渐形成，自驾旅游市场要素日趋完善（2018年至今）

前面阶段的发展使川藏自驾旅游积累了庞大的游客市场，但也因为极速的野蛮增长，川藏自驾旅游市场出现了“一流景色，二流配套，三流开发”的问题。因此第四阶段以2018年成雅高铁和雅康高速通车为开端，这代表着川藏高速公路、川藏铁路进入全面开花的时代，开启了川藏“新天路”局面，保证了自驾旅游进入成熟阶段。

（1）交通条件

从交通条件来看，雅康高速结束了四川省甘孜藏族自治州州府所在地康定市不通高速公路的历史，缩短了成都进藏区的时间（从7小时变为3.5小时），改善了路况，具有历史性意义。[①] 同时，成雅高铁结束了川西地区不通铁路的历史，辐射藏区，带动区域经济社会发展，具有十分重要的战略意义。2019年，汶马高速公路、拉林高等级公路均全线通车，预示着川藏地区高速公路开始分散式成长，为后续交通网络通畅奠定了基础。加上川藏地区拉萨贡嘎、林芝米林、日喀则和平、昌都邦达、成都双流、成都天府、九寨黄龙、稻城亚丁、阿坝红原、甘孜、康定等主要机场以及川藏铁路的修筑，“新天路”框架已组成，将共同形成“快进”交通体系。原来的大动脉G317、G318将良性转型为“慢游”体系的一部分，都江堰到四姑娘山的观光铁路以及其他特色景观大道等，将承担更多的旅游目的地的角色。目前，川藏地区的“快进慢游”交通网络体系已初具雏形，能够实现局部联程旅行，同时也绘制了川藏地区旅游发展的远景，届时将形成快节奏与慢节奏、快速观光与深度体验的不同转换。

（2）旅游需求

追求个性化、多样化的旅游需求是自驾旅游发展的内在动力。中国旅游车船协会自驾游与露营房车分会监测数据显示，2018年中国自驾游客量已达35亿人次，比2017年增长17.4%，占国内出游总人数的62%。川藏地区广袤的土地景观可以满足游客的视觉

① “雅康高速公路”词条，360百科，https：//baike.so.com/doc/9938671-10286103.html。

享受，但由于川藏自驾游市场迅速成长，出现了基础承载力不足、生态环境被破坏、配套设施不足的问题，因而，旅游者对自驾游产品组合方式需求更加多样化，例如“飞机+自驾”“铁路+自驾”等。同时，旅游者对于深层次体验、高舒适度的体验需求日渐凸显，尤其是对高品质的信息化产品、特色餐食、居住环境、交通条件、旅游纪念品等硬件之外的休闲活动提出了更高的要求。

（3）旅游供给

需求升级要求旅游市场供给要全面周到，基础设施和服务配套须逐渐加强。供给市场方面包括自驾游资讯中心、自驾游服务企业、网络预订系统、旅游体验项目、旅游品牌等日趋完善，并呈现协同发展的趋势。比如甘孜藏族自治州旅游发展委员会和爱驾传媒在2018年共同发起成立的国民公路G318产业联盟，成员包括政府单位、自驾游产业决策者、企业老板、投资人、媒体等。这预示着川藏自驾游企业将以利益共生模式求发展，也预示着川藏自驾游市场将迎来利好投资机会。旅游产品方面，川藏自驾旅游的形式将更为丰富，例如各种专项旅游产品和新业态逐渐兴起，低空旅游、旅游小火车、冰雪旅游、户外运动、生态旅游、红色文化旅游、休闲旅游、露营旅游等都在规划建设中。住宿方面，各类特色民宿、汽车营地、度假型旅馆、温泉酒店等住宿产品相继改良，例如，林芝华侨城南山国际汽车营地、然乌湖国际自驾与房车营地以打造复合型旅游目的地的方式提供服务。服务站也得到了升级，例如西藏甘丹寺服务区改进了之前“加油+快餐+厕所”的传统模式，增加了途云客自驾车房车营地项目，提供房车维修、休息平台、野餐休闲等服务。同时，服务水平也随着内地有经验管理人员和高校高素质人才的加入而提升。

在第四阶段，川藏区域交通快速发展，主体市场日渐成熟，自驾游迎来高速发展时期。2019年文化和旅游部发布了《自驾游目的地等级划分》《自驾车旅居车营地质量等级划分》两项行业标准，从自驾游目的地划分、自驾游规划和营地建设、公共服务等方面进一步推动了自驾游标准体系建设，规范了川藏线自驾游投资、供给与需求等市场主体。但市场也急需专项的产业政策为川藏自驾游保驾护航。由于自驾游给川藏地区带来了现代化发展、文化交流机会以及社会经济效益，因而，必须坚持生态多样性、人文资源的保护性开发和旅游高质量发展原则。川藏自驾旅游的健康成长将会对地区设施的完善、产业化程度的提高、品质的升级、品牌效应的加强带来持续的正面影响。

二　川藏线自驾旅游产业主要问题研判

前文对川藏线自驾旅游不同历史时期的交通、旅游供给与需求等影响要素进行了梳理与分析。截至目前，川藏自驾旅游进入资源整合和产业集聚的待成熟状态。然而，由于川藏区域特殊的地理环境、经济社会发展等条件限制，自驾游产业链还未充分形成，融合力和驱动力不强。在川藏铁路、川藏高速公路“快进”交通系统建设背景下，作为川藏过去和未来一种主要的旅游产业经济形式，川藏自驾游仍须找准发展存在的问题和痛点，具体分析如下。

1. 指导专项产业落地政策欠缺

目前，国家、川藏地区出台的有关自驾游政策多为宏观性政策，以部分形式出现在一些总体规划、旅游业总体政策里，自驾游产业专项扶持政策和针对川藏段的专项具体产业政策较少。政府发布的文件中虽有推动意见，但缺乏专项计划与具体项目，使得这种意见难以落地。川藏段自驾游产业缺乏引领性政策，发展较为缓慢。尤其是面临建设用地（如营地建设用地、公共服务设施用地）瓶颈、项目资金瓶颈等，自驾游产业投资受限，亟待细化产业政策出台。

2. 自驾车营地供给不足

美国建设有露营地16500个，欧洲有营地约250000个[①]，且部分地区在自驾游管理上要求自驾车必须进入营地停靠。而我国能够正常运营的露营地不足500家[②]，川藏自驾游线路由于地理环境及经济条件限制，自驾车营地少之又少。迄今为止已建成并投入运营的川藏线自驾游营地主要分布在G318沿线，G219沿线有少量分布，其他线路罕有自驾游营地存在。就区段而言，四川段分布较多，西藏段相对稀疏；就点位而言，川藏公路自驾游营地多分布于交通沿线、风景名胜区、区域人口密集且环境独特之处，如沿G318分布的自驾游营地最多、最密，在新都桥、雅江、巴塘、理塘等地都分布有“318汽车自驾游营地”，在折多山已建有“折多塘自驾游营地”、在巴塘和理塘交界处已建成“理塘蓝逸营地”；而在西藏段，迄今为止已建成投产的营地只有“然乌国际自驾游营地”“嘎朗国家湿地公园营地”“林芝华侨城南山国际汽车营地”等少数几处。除此之外，部分“藏家乐”还承担了自驾游停歇的

① 《六部门联合发文 破除瓶颈 加速房车营地建设》，智汇文旅网，http：//www.you1688.com/newsview.aspx？tid=17&id=681。

② 《六部门联合发文 破除瓶颈 加速房车营地建设》，智汇文旅网，http：//www.you1688.com/newsview.aspx？tid=17&id=681。

功能。从服务内容方面看，大部分营地主要为自驾游客提供泊车、露营空间，并不提供水源或是电源，服务内容简单，形式单一。从运营维护方面看，大部分营地因仅仅提供最简单的服务，且不盈利，所以管理维护一般很难到位。因此，川藏线自驾游客会优先选择酒店、旅馆，很少选择营地停靠。简言之，营地建设与自驾游需求不符，造成营地投资建设不足或建成亏损，而自驾游品质服务需求又没有得到满足。

3. 自驾游配套设施缺乏，业态不成熟

受土地问题、建设条件、经济条件的影响，川藏线自驾游线路上的配套设施缺乏，吃、住、行、游、购、娱产业配套不足。服务设施方面如加油站、维修点、旅游厕所、自驾车营地、汽车旅馆、目的地导识系统、交通信息等配套匮乏。旅游住宿、餐饮方面低端，以当地民众自发性经营为主；中高端住宿、餐饮缺乏。旅游景点多以原始状态存在，停留型、参与型旅游目的地开发较少；购物、娱乐产业发展不成熟，缺乏有序引导。自驾游客融入地方不够，需求未能得到充分满足，自驾游产业对当地的带动效应还未充分发挥。

4. 自驾游产业体系标准有待构建

虽然国家出台了《自驾游目的地等级划分》《自驾车旅居车营地质量等级划分》两项行业标准，四川省也出台了《四川省自驾车旅游汽车营地建设标准》，但这些仅仅为“点状化”标准，从整个产业链出发的标准缺乏。从川藏自驾游的服务质量管理上看，标准化建设还处于空白，没有形成较为完善的自驾游旅游服务标准体系与规范。随着自驾游进入品质化发展阶段，自驾游跨地域、涉及多业态的特征需要标准化推进配套服务和体系支撑，才会让自驾游产业健康有序地成长。要想形成品质化发展，必须建立一套有针对性的标准与规范，优化资源配置，提升川藏自驾游产品及服务质量。

5. 自驾游产业遭遇“人才荒”

从川藏自驾游旅游人才调查看，车具维护人才、导游人才、旅游接待服务人才等都是支持自驾游发展的可持续力量。目前，自驾游产业专业人才缺乏，尤其是领队、产品策划等方面的人才缺乏。自驾游领队需要丰富的专业性、综合性知识储备。自驾过程中，一个完整的车队必须安排领航员、探路车、指挥车、保障车，根据车队数量的多少，相应安排工作车、宣传车、拍摄车、追击车、医疗救助等全程保障系统。同时要为可能面临的突发状况，如交通拥堵、交通事故、车辆故障、人员伤病、道路损坏或修路等问题设计紧急预案，构成一个完整的工作体系。G317、G318 川藏线自驾游线路路况较为复杂，文化环境多元，目前自驾游领队非常缺乏，缺口巨大。尤其是具备自驾游线路的规划、旅游目的地概况、应急救援与野外生存常识、素质拓展、执行力提升、自驾领队业务、车辆常识与操作、领队礼仪、语言沟通等多项综合知识的人才缺乏。

6. 自驾游市场服务主体有待培育

由于川藏自驾游市场需求的快速发展，目前自驾游服务市场主体明显不足。停车、加油、住宿诸多方面都在寻找适合的经营方式。对于旅行社等传统旅游企业来说，自驾车旅游者毫无疑问是一个巨大的市场。而事实上，一方面自驾车旅游者希望在一些出游中参加团队以享受服务，另一方面自驾车旅游者不愿意选择旅行社。[①] 近十年来，川藏自驾游俱乐部是自驾游中最活跃的组织，但归属不清，创新能力不足，缺乏产品溢价能力，形成品牌的较少。由于川藏公路自驾游中介服务业务的经营门槛较低，中介服务企业间的竞争形式目前主要还是打价格战，企业总体利润率较低。此外，由于川藏公路特殊的地理环境，自驾游出现危机事件的概率大大高于其他地区，中介型服务企业在经营活动中要承担较大的风险，导致其经营成本可能大幅增加，出现入不敷出的经营亏损局面，因而在选择经营川藏公路自驾游业务时相对保守。所以，整体而言，川藏公路自驾游中介型服务企业的规模并不大。

与自驾车旅游相关的汽车救援、维修保障、旅游保险、金融服务、信息服务等综合服务型企业更是寥寥无几。[②]

三　川藏线自驾游产业未来发展的预测与建议

在提倡高质量发展的时代背景下，我们要重点关注川藏区域投资主体、市场主体和终端消费主体，有游客、有商机，国民公路才能走向可持续发展的未来，川藏自驾游才能成为民众追求美好生活的方式，才能促进民族地区经济发展与文化交流，让中华大地因旅游而兴，各美其美，美美与共，和而不同。

自驾游一直是川藏地区旅游产业的一个重要分支，随着川藏地

① 吴金梅：《自驾游背景下产业的机会与空间》，“社科院旅游研究中心”搜狐号，https：//www. sohu. com/a/12343336_126204。

② 岑梅玲子：《北京市自驾游行业市场研究》，载安金明主编《北京旅游发展报告（2019）》，社会科学文献出版社，2019，第264页。

区交通、互联网及旅游服务设施的完善，自驾车旅游将迎来全面升级。随着大众对自驾车旅游需求的转变，自驾游将从“走马观花”的形式过渡到深度体验目的地的形式。自驾游将会成为一个连接汽车生产商、汽车销售商、汽车俱乐部等的大产业，可以说自驾车旅游的黄金时代已经来临。川藏地区有着独特的自然与人文资源，随着“中国最美景观大道”品牌的树立，自驾游市场将迎来前所未有的发展契机。川藏自驾游将会越来越大众化、多元化，游客数量将呈现爆发式增长，自驾游产业也将朝着更新的综合业态发展，发挥对地区经济的带动作用。

1. 川藏联合发布相关产业政策是自驾游发展的助推器

随着我国人均 GDP、汽车普及率以及川藏路网密度的提高，在移动互联网的快速渗透下，川藏自驾游已成为大众市场重点选择对象之一。川藏自驾游将构建起基于“人+车+互联网+旅游要素”的复合型生态产业链。[①] 从产业发展看，围绕自驾游客消费需求，川藏自驾游开始进入市场细分阶段，汽车俱乐部、自驾游频道 OTA、房车、露营地、户外用品厂商、品牌车友会、租车、保险、救援服务的集群式发展，涉及装备制造、汽车服务、营地建设与运营的产业链正在迅速形成。具体表现为：露营地的规模扩大，在土地、投资、就业等要素的配置上增长空间巨大；政府进行连锁化的企业经营开发，布局多元化的产品增值服务，如配套休闲娱乐项目、举行行业论坛、开展户外知识培训等。基于交通网络的完善、自驾车性能的提高，差异化、多元化的发展策略将成为行业创新的

① 《自驾游产业发展七大趋势》，新浪博客，http://blog.sina.com.cn/s/blog_9d06e5510102vmsp.html。

核心竞争力。

以融合发展理念为导向，在国家关于自驾旅游的政策引领下，结合本地自驾旅游发展情况，四川省人民政府、西藏自治区人民政府联合制定出台促进自驾游产业发展的更多细化政策，借助金融市场的力量，促进自驾产业健康发展，如：安排专项旅游发展资金支持自驾游相关项目发展，设计更多的鼓励自驾游企业融资的模式及产品；制定川藏自驾游服务体系相关标准及规范和其他推动自驾游服务体系健康发展的具体政策；出台针对自驾游基础设施建设的土地政策，解决瓶颈问题；出台一系列针对自驾游组织、自驾游车辆、服务设施建设、旅游产品开发的优惠政策与奖励政策，促进自驾游品质升级；鉴于自驾游俱乐部组织缺失归属部门的现实，建立川藏自驾游行业协会，充分发挥行业组织功能，填补运营规范和行业服务标准的空白等。

2. 完善川藏线自驾游配套服务设施是自驾游发展的基石

当前旅游经济发展趋势是市场下沉和品质提升。在从高线城市到低线城市、从城市到乡村的市场下沉中，县域行政中心是关键节点，也是联结川藏公路沿线经济带的支撑点。应由各县域行政中心统筹推进途经地区的风景道、旅游景区、旅游住宿、智慧旅游、公共服务建设，并参与全线营销推广和产业合作，完善公路沿线的软硬件配套服务设施。

高速公路给旅游带来了便利，旅游也改变了高速公路的生态。高速公路服务区已经不再是单纯为高速公路配套的功能区，而正在成为拉动沿线经济发展的“临高经济区”和“文化创意地”。从传统的“加油+快餐+厕所”初级模式，向吃住行游购娱等综合化体系发展。在导入自驾旅游的概念后，高速公路从通道变成目的地，游客不仅只是路过，还可以获得更多沉浸式的生活体验。

自驾游是一种极具特色的旅行方式，对沿途的基础设施要求较高。目前，虽然川藏公路配套设施及体系化建设处于快速发展阶段，但还无法满足自驾游客越来越多元的个性化需求。须争取更多的资金投入川藏自驾游配套服务设施建设，实施完善川藏自驾游基础设施计划，以全域旅游、线路统筹为引导，建成无障碍自驾游旅游区，全面提升线路基础设施水平，如：进一步加强川藏道路网络体系的建设，完善相应公共交通标志系统；加快公路沿途的服务设施建设，包括沿途休息处、车辆维修中心、自驾车营地等；在主要旅游城市及目的地注入自驾游旅游元素；旅游目的地高度覆盖旅游基础及服务设施，在主要旅游城市加快形成自驾车租赁网络，实现“换乘一体化”，实现“入省（落地）自驾、异地还车”；进一步完善线路旅游集散中心布局建设，完善旅游换乘、集散、咨询功能等。

3. 开发更具特色的川藏多元化自驾游产品是自驾游市场大势所趋

随着川藏线道路交通及基础设施条件的改善，川藏铁路及川藏新高速的修建，川藏自驾游产品体系将以更加多元的形式出现。如：随着机场的建设，将有更多的“飞机+自驾”产品出现。随着更多机场通关口岸的开放，异地还车模式的落地自驾要求更多的企业联合起来，提供无障碍服务。又如：随着川藏铁路的建设，人们可能会选择分段化自驾，从而出现“铁路+自驾”模式。随着营地的建设逐渐成熟，营地将细分为多元化类型，如功能服务型、景区依托型、目的地型等。为应对自驾游多样化的趋势，产品类型也将细分成休闲娱乐型、运动探险型、乡村田园型、极限环境体验型等。

目前我国休闲目的地供给相对落后，景区旺季人满为患，供需错配导致消费者倾向于选择自主性强、个性化程度高以及时间较为弹性的出游方式。自驾游一方面满足了大众日常休闲需求，另一方面引导旅游市场形成“高频次、深度参与、体验式消费”的新业态、新模式。我国假期的集中化导致出游高峰的堆叠，淡旺季旅游收入差距明显。随着川藏线道路交通情况的改善，可以明确的是川藏地区已经具备自驾游高速发展的经济条件，川藏自驾游市场正在进入爆发式增长期。通过大数据对川藏线自驾旅游者的分析来看，川藏线自驾游客消费跨度较大，中青年占主体部分，他们更追求旅行体验感和参与感。从客源地看，川藏线自驾游客源地主要分布在经济基础较好、居民收入较高的京津冀、长三角、珠三角以及具有地理区位优势的川渝地区。

川藏地区本身具有集自然资源与人文资源于一体的优势，因此川藏线应设计更个性化、主题化的自驾游产品。应积极促进旅游产品类型多元化开发，满足大众化旅游需求，使川藏自驾游由挑战游变为大众游，树立川藏自驾游独特品牌，打造 IP 形象。与消费需求有效衔接，适应旅游多样化的趋势，依据旅游人群可做银发族、家庭亲子、女性闺蜜团等特色划分，实现消费链、服务链、产业链三位一体。从旅游特质出发，每一次出游都是一场理想的赴约，自驾游的旅行方式以及延伸的文化内涵成为自驾游的高层次竞争力，文化的审美意义、教育意义转化为文化附加值的开发，例如：开发自驾文创产品，开展自驾公益性活动，刺激电影、小说、动漫等一系列文化消费。[①] 自驾游衍生出来的汽车文化、公路文化与主题产品，将为川藏自驾游注入持久生命力。

让我们看到公路沿线的无限张力和旅游之外的更多可能：中国特色的公路电影、音乐、舞蹈、美术、诗歌、小说，活化的文化遗产、创办的艺术节事、传承的民间工艺，为成都、拉萨，还有重庆带来生活的温暖和向上的力量。

4. 川藏线自驾旅游是促进区域减贫扶贫的重要载体

自驾车旅游对目的地旅游设施提出更高的要求，为了满足自驾车旅游者的需求，旅游目的地要更新原有设备，增建一批高质量、高水准、高档次的旅游服务设施，如兴建一批国际标准化汽车旅馆，为自驾车旅游者提供住宿、餐饮、娱乐、加油、洗车、维修保养的一条龙服务。只要游客来了，哪怕做好一个县的服务区，对扶贫攻坚也是大有助益的。按每 100 公里建有一个中型服务区计算，川藏线 2140 公里的 G318 与 2412 公里的 G317 能带动多少经济增长和社会就业？

自驾车旅游有利于促进旅游目的地社会结构的变化。自驾车游客的涌入促进了当地尤其是贫困地区经济的发展。居民收入增加了，消费能力提高了，接着便是教育、医疗条件的改善，居民的生活境遇改善了，旅游投资商纷纷前来投资，兴建旅馆、停车场、加油站等，增加了居民就业的机会，改善了就业结构；自驾车旅游的自由化能够大大缩小城乡差距，进而优化城乡结构。同时，对于川藏地区来说，自驾游能为游客和当地居民提供一个文化交流渠道，

① 岑梅玲子：《北京市自驾游行业市场研究》，载安金明主编《北京旅游发展报告（2019）》，社会科学文献出版社，2019，第264页。

有利于民族团结。

大力开发自驾游并将其与旅游扶贫富民工程相结合，通过资源整合积极发展自驾游服务业，形成“企业+自驾游客+村民”的旅游扶贫模式。通过对自驾游沿线民宿改造、安排就业、定点采购、客源服务、设置自驾游后备厢基地等方式，增加贫困村集体收入和建档立卡贫困人口人均收入。加强对深度贫困地区旅游资源普查，完善自驾游旅游扶贫规划，指导和帮助深度贫困地区设计、推广跨区域自驾游等精品旅游线路，提高旅游扶贫的精准性，真正让贫困地区、贫困人口受益。鼓励当地居民参与自驾游服务，增强川藏线自驾游服务能力，增强自驾游客与当地居民的互动性，提升川藏自驾游客的深度体验感。

5. 强有力的川藏市场主体和联盟是自驾游发展的引擎

经过多年的飞速发展，自驾游行业涌现出一批各具特色的品牌及企业（如 318 集团），但目前仍以中小型的自驾俱乐部、旅行社、企业下辖品牌为主，地域导向性较强，规模受限。随着游客需求及对服务的要求标准越来越多元化，一批具有品牌影响力、资金实力、从业经验、服务维护能力的大型企业亟待组建。可以通过政策扶持一批优势明显、带动作用显著、市场竞争力强的自驾游企业。做强做大并突出俱乐部的专业化操作优势，培育品牌独特的自驾文化，延伸产品服务，在时间、空间、模式三个维度下发挥作用。企业要实行集团化运作，在重点旅游中心城市、旅游目的地、旅游项目区域加快推进自驾旅游联盟的紧密发展，为推进自驾游服务及资源互补提供平台。以航空、交通、能源、文化、地产、食品等大型企业转型为契机，推进川藏地区的产业与自驾游的融合发展。创立川藏自驾游品牌联盟，带动各联盟共享资源、共创产品，通过连锁化经营解决生产力不足的问题。建立合作共赢机制，通过资源互换、优势互补，由个体单打独斗向组团化发展转型。

中西部地区的文化和旅游局、汽车产业链中下游企业、自驾车俱乐部，还有传媒和文化机构，越来越多的人加入这一共建共商共享机制中来。从川藏线服务商开发现状来看，川藏自驾游市场还有巨大的投资机会，对企业的需求将呈现以下特征：能够在资源端拥有一定垄断优势或已掌握核心运营能力；能够在产品端提供定制化、非标性线路设计和产品打包的服务；早早切入以及深耕自驾游行业，能够深度挖掘自驾游社交等属性，满足新型、深层的消费需求；能够结合露营营地、房车、户外运动、赛事等其他元素，注重体验式消费；能够开发“自驾游”旅游 IP 相关的周边产业。

资本是自驾游产业发展的内生动力，而自驾游产业涉及行业多、企业多，因此其必须形成联盟或联合体，通过高效的资本设计，形成多方利益机制，这样才能抓住自驾游发展的机遇。目前来看，自驾游产业的驱动力将从单一化走向多元化，未来能够在自驾游产业中占据主导地位的主要是这四种力量：旅游企业、汽车企业、交通企业以及其他企业或组织。在这四种力量形成的跨界竞争格局下，不同的企业都在根据自身情况进行经营要素、经营方式的调整和变革：一方面是为了响应消费者的需求，另一方面则是为了巩固自己的竞争壁垒。面对行业普遍存在专业化程度较低、线路同质化严重问题，以及在外部受到 OTA 平台抢夺流量影响及传统旅行社参与激烈竞争的格局下，自驾游企业需要对自身的专业服务提出更高要求，能够洞察消费者的需求，让线路策划精准落地，让

“二次创业”成为企业创新谋变的利器，实现产业链的延伸与融合。

6. 自驾游信息化产品开发将提升川藏公路自驾游客的深度体验感

在互联网时代，尤其是随着5G时代的来临，信息化在自驾游自助服务中的作用将进一步凸显，同时也将带来自驾游商业模式的改变。在信息化时代，人们更加喜欢灵活地安排旅游时间及路线，体验不同的旅游景点的风土人情、生活习惯，注重精神与视觉的双重旅游感受。[①] 自驾游相关服务企业将利用高速移动通信技术和智能终端设备、云计算、物联网等技术手段，打造出智慧型自驾游产品，构建管理智能化、服务主动化、产品定制化的自驾游产业发展新模式，如：游客在自驾游的时候可以通过App进行衣食住行的安排，景点照片可以随拍随分享在互联网上。信息技术的普及极大地提升了旅游服务能力，预订系统、导航定位、语言翻译等智能应用方便了人们的出行；电子商务让旅游企业实现了网络化、高效率的经营管理。科技释放旅游魅力，智慧科技在旅游管理、体验、服务和营销应用上的深度结合，将重新定义自驾旅游的未来发展。旅游方式的改变也会促进汽车自驾游App等信息化产品需求的增加。因此，川藏自驾游信息化产品亟须开发，市场前景广阔。

自驾游以个性化、自主化的出游方式为特色，线路上的信息化服务与保障尤为重要，因此川藏旅游线路信息化开发须加大力度。如：可以抢抓5G先机，完善川藏自驾游线路的信息化建设，开发多元的自驾游科技产品、装备设施、应急救援服务等，提升自驾游

① 李志刚：《5G为旅游带来更大想象空间》，中国旅游新闻网，http://www.ctnews.com.cn/art/2019/6/11/art_114_44666.html。

客的体验感，保障自驾游的安全性；采用多模式定位、电子地图、LBS等技术对智慧旅游移动终端进行设计，构建一个旅游信息化服务平台，实现传统自驾线路向智慧旅游线路的升级，从而满足旅游者对信息服务的需求。[①] 再如：开发汽车自驾游App，为广大的旅游爱好者带来更大的便利，促进川藏线旅游的信息化发展。

7. 川藏自驾游人才的培养及孵化是自驾游发展的保障

自驾游产业本身需要专业能力强、综合素质高的人才，但目前中国的自驾游人才非常缺乏，加上川藏地区环境特殊，川藏自驾游旅游人才尤其缺乏。建议川藏地区出台相关人才培养政策，各地区与旅游院校联合培养自驾游人才，在高校试点开设相关专业及课程，建立自驾游人才孵化基地。依托自驾游俱乐部，以行业培训为切入点，编写全国自驾游领队培训教材，为行业输送经理、领队、营销管理等各类人才，形成专业知识输出、国际领队培训、国际驾照申请、多国签证办理等全方位服务体系。行业协会定期举办行业领队培训班，提升人才及相关管理水平，促进自驾游行业的健康发展。

① 陈兴、史先琳等：《基于移动终端设计的智慧旅游线路构建——以318国道川藏线为例》，《测绘》2017年第2期。

专 题 篇

川藏自驾旅游相关政策分析研究

熊 红 杜臻贤*

摘 要： 本文通过梳理川藏地区制定的一系列自驾旅游相关政策，将其划分为规划、标准、措施和激励四大类型。它们推动了川藏地区自驾旅游产业从无到有的发展，但存在川藏两地政策制定失衡、土地政策突破困难、公共服务配套政策支持力度不够和重视交通发展而忽视道路文化的保护等问题。针对

* 作者简介：熊红，四川旅游学院西部旅游发展研究中心科研秘书，四川省A级景区评定员，研究方向为旅游企业管理；杜臻贤，四川旅游学院讲师，研究方向为乡村旅游。

这些问题，本文提出加快西藏地区自驾游政策制定、结合营地用地特性探索制定适合地方发展的土地政策、将川藏公路纳入国家规划中争取政策支持和制定川藏公路文化保护政策等建议，以期更好地推动川藏地区自驾旅游的升级发展。

关键词： 川藏地区　自驾游　川藏线

随着人们收入水平的不断提高、汽车的普及和交通网络的不断完善，人们的休闲方式发生了巨大变化，自驾车旅游因能满足人们追求个性与自由的旅游需求而受到青睐，并开始成为新的经济增长点。为支持贫困地区旅游业发展，国家将自驾旅游作为带动西部地区经济发展的重要纽带，在自驾旅游政策的制定上向西部地区倾斜。中央财政加大对纳入国家规划和年度计划的营地项目和中西部贫困地区的营地建设项目的支持力度①，在中央投资补助标准上，西部和川藏地区的项目补助比例高达80%，这些项目主要是旅游公共服务保障设施建设，如区域性旅游应急救援基地、旅游交通引导标识系统、旅游数据中心等。② 同时，国家还特别强调要加强民族地区旅游交通设施建设，加强汽车、房车、营地与交通干线之间的联通公路建设。③

---

① 《11部委联合印发〈关于促进自驾车旅居车旅游发展的若干意见〉》，人民网旅游频道网站，http：//travel. people. com. cn/n1/2016/1109/c41570-28848681. html。

② 《关于印发〈“十三五”时期文化旅游提升工程实施方案〉的通知》，国家发展和改革委员会网站，https：//www. ndrc. gov. cn/xxgk/zcfb/tz/201703/t20170307_962923. html。

③ 《国务院关于印发“十三五”促进民族地区和人口较少民族发展规划的通知》，中华人民共和国中央人民政府网站，http：//www. gov. cn/zhengce/content/2017-01/24/content_5162950. htm。

在此背景下，川藏地区也加大了对自驾旅游产业的支持，推出了一系列配套政策。

一　川藏地区配套的地方自驾旅游相关政策

以G318、G317川藏最美景观大道为代表的旅游线路是川藏地区最重要的自驾旅游线路之一，为了推动川藏地区自驾旅游的发展，四川省及西藏自治区紧跟国家推动自驾旅游发展的步伐，先后制定了一系列地方自驾旅游配套政策，主要政策类型包括规划、标准、措施、激励四大类（详见表1）。在区域旅游合作方面，还建立了政府层面的川藏旅游合作机制，通过一系列政策手段推动川藏地区自驾旅游的发展。

表1　川藏地区自驾游主要政策

政策类型	文件名称	发布单位
规划类	《四川省“十三五”旅游业发展规划》	四川省旅发委
	《四川省自驾车旅游汽车营地发展规划》	四川省旅游局
	《西藏自治区自驾车旅居车营地建设总体规划》	西藏自治区人民政府
标准类	《自驾车旅游汽车营地建设标准》	四川省质量技术监督局
	《自驾游营地等级划分与评定》	四川省质量技术监督局
	《自驾车旅居车营地建设及等级评定规范》	西藏自治区市场监督管理局

续表

政策类型	文件名称	发布单位
措施类	《四川省人民政府关于进一步加快旅游业改革发展的意见》	四川省人民政府
	《四川省人民政府办公厅印发关于进一步扩大旅游文化体育健康养老教育培训等领域消费实施方案的通知》	四川省人民政府
	《关于大力发展文旅经济 加快建设文化强省旅游强省的意见》	中共四川省委办公厅
	《四川省人民政府关于印发促进经济稳定增长和提质增效推进供给侧结构性改革政策措施的通知》	四川省人民政府
	《成都市人民政府办公厅关于印发成都市促进旅游业改革发展若干政策措施的通知》	成都市人民政府办公厅
激励类	1. 针对自驾游客的季节性门票优惠减免政策和地方政府过路费阶段性免费政策； 2. 针对自驾游俱乐部根据团队人数实行 10 人免 1 人或 10 人免 2 人的优惠政策和年底对发团数量排前十的俱乐部进行一次性奖励	四川省地方政府 四川省各景区

资料来源：笔者根据政府网站资料整理。

（一）规划类

川藏地区十分重视自驾游的发展，针对自驾旅游编制了专项的《汽车营地发展规划》，确定了本地汽车营地发展方向、目标以及自驾游网络布局，并编制了《营地建设总体规划》。四川地区还在《“十三五”旅游业发展规划》中将 G318、G317 川藏线作为世界旅游目的地，以将其建设成为川藏公路国家旅游风景道为目标，积极发展大众自驾旅游，加强自驾游道路交通网络和公共服务配套设施建设，构建无缝对接的交通体系和全省自驾车营地体系。同时将自驾车营地作为构建适应现代旅游发展要求的旅游目的地新体系中的标准配置，将自驾旅游提升到了一个新高度。

（二）标准类

针对自驾旅游汽车营地，四川省共发布了两个标准：《自驾车旅游汽车营地建设标准》和《自驾游营地等级划分与评定》，对四川省境内的自驾旅游营地的建设思路和原则、营地设施、管理与服务、分级标准等做出了详细规定，对自驾车旅游汽车营地的经营行为进行规范。西藏自治区制定了《自驾车旅居车营地建设及等级评定规范》，对营地建设要求、管理服务要求以及营地质量等级评定进行了规范。

2020 年 4 月，四川省立项了一批旅游地方标准，其中有一项就是《自驾游营地智慧应用与信息化建设标准》。

（三）措施类

从 2016 年开始，四川省陆续制定一系列与自驾旅游相关的政策，主要涉及自驾游交通网络及基础服务设施建设、交通旅游产品打造、旅居挂车通行规范、旅居车营地用地管理、营地建设经费补贴等内容，同时四川省文旅厅（原四川省旅游局、四川省旅游发展委员会，2018 年 11 月改为此名）每年还会发布推荐自驾游线路。

1. 自驾游交通网络及基础服务设施配套建设

川府发〔2016〕55 号文件《四川省人民政府关于进一步加快

旅游业改革发展的意见》提到要优化旅游发展环境，构建旅游综合交通及运输管理体系，加快全省自驾、徒步、骑行营地及其他旅游综合配套服务体系建设，实施旅游公共服务升级工程。[①] 四川省委办公厅印发的《关于大力发展文旅经济 加快建设文化强省旅游强省的意见》强调要加快特色民宿、汽车旅馆、露营地等服务设施建设，要完善交通等基础设施，国省干线公路和通景区公路要增设一批观景台、自驾车房车营地等设施，构建"快进慢游"交通网络。[②]

2. 交通旅游产品打造

四川省委办公厅印发的《关于大力发展文旅经济 加快建设文化强省旅游强省的意见》强调要依托交通遗迹遗产、超级工程、服务区等交通旅游资源，全方位推动"旅游+交通"融合发展，打造一批交通旅游产品，重点推动 G317、G318、G223、G227 等一批路景相融的示范试点工程建设。

3. 旅居车通行规范

川办发〔2017〕61 号文件《四川省人民政府办公厅印发关于进一步扩大旅游文化体育健康养老教育培训等领域消费实施方案的通知》提到由省公安厅负责指导各地严格按照国家规定办理旅居挂车登记，研究细化旅居车上路通行管理规范规定，明确旅居挂车

① 《四川省人民政府关于进一步加快旅游业改革发展的意见》，四川省人民政府网站，http：//www.sc.gov.cn/zcwj/xxgk/NewT.aspx？i=20161202093136-731323-00-000。

② 《关于大力发展文旅经济 加快建设文化强省旅游强省的意见》，四川在线网站，https：//sichuan.scol.com.cn/scxw/201904/56862883.html。

在行驶过程中旅居室内不得载人。[①]

4. 旅居车营地用地管理

川办发〔2017〕61号文件《四川省人民政府办公厅印发关于进一步扩大旅游文化体育健康养老教育培训等领域消费实施方案的通知》提到由国土资源厅、省发展改革委、住房城乡建设厅、省旅游发展委负责加强旅居车营地用地管理，对选址在城镇规划区内的，根据产业规划和项目建设时序，及时安排新增建设用地指标；对选址在城镇规划区外的，其自驾车营区、旅居车营区、商务俱乐部、木屋住宿区、休闲娱乐区等功能区应优先安排使用存量建设用地，确需新供的，用途按旅馆用地管理，以招标方式实行长期租赁或者先租后让，其他功能区使用未利用地的，在不改变土地用途、不固化地面的前提下可按原地类管理。《成都市人民政府办公厅关于印发成都市促进旅游业改革发展若干政策措施的通知》则明确了自驾车房车营地项目土地用途按旅馆用地管理，按旅游用地确定供应底价、供应方式和使用年限。[②]

5. 营地建设经费补贴

川府发〔2016〕17号文件《四川省人民政府关于印发促进经济稳定增长和提质增效推进供给侧结构性改革政策措施的通知》指出，“安排省级旅游发展资金1亿元支持自驾游示范营地、旅游厕所、旅游度假区、乡村旅游重点示范项目、景区智慧旅游和景区

---

① 《四川省人民政府办公厅印发关于进一步扩大旅游文化体育健康养老教育培训等领域消费实施方案的通知》，四川省人民政府网站，http：//www. sc. gov. cn/zcwj/xxgk/NewT. aspx？i=20170630100212-204942-00-000。

② 《成都市人民政府办公厅关于印发成都市促进旅游业改革发展若干政策措施的通知》，成都市人民政府网站，http：//gk. chengdu. gov. cn/govInfoPub/detail. action？id=85376&tn=6。

清洁饮水设施等项目建设”，这是较为具体的资金补贴政策。[①]

《成都市人民政府办公厅关于印发成都市促进旅游业改革发展若干政策措施的通知》提到支持旅游基础设施、公共服务设施建设，对符合市级旅游专项规划的游客集散中心、自驾车营地项目，按当年项目建设经费的10%给予最高不超过50万元补助。[②]

6. 自驾游线路推荐

针对自驾游团队，四川省文旅厅（原四川省旅游局、四川省旅游发展委员会）每年都会在不同时段发布推荐的精品旅游线路，如震后推出的大九寨及外围区域8条精品旅游线路、针对秋季推出的“天府四川最美金秋”秋季十大旅游精品线路、针对红色旅游推出的16条四川红色旅游精品线路、2020年首批50条四川乡村旅游精品线路等，促进了四川自驾游的发展。

（四）激励类

自驾游激励政策主要包括两类：一类是针对自驾旅游者，主要是各景区制定的门票优惠政策，如“熊猫护照”，景区门票打折甚至免票，以及地方政府的免过路费政策，这些都是有时效性的，往往会促使自驾游者短时间内数量激增；另一类针对自驾游组织者，如自驾俱乐部，在各类优惠政策中，自驾俱乐部的优惠政策基本是参照旅行社执行，根据团队人数实行10人免1人或10人免2人的

① 《四川省人民政府关于印发促进经济稳定增长和提质增效推进供给侧结构性改革政策措施的通知》，四川省人民政府网站，http：//www.sc.gov.cn/zcwj/xxgk/NewT.aspx？i=20160401163627-959800-00-000。

② 《成都市人民政府办公厅关于印发成都市促进旅游业改革发展若干政策措施的通知》，成都市人民政府网站，http：//gk.chengdu.gov.cn/govInfoPub/detail.action？id=85376&tn=6。

优惠政策，同时为了更好地激励自驾俱乐部，还实行累计优惠政策，年底对发团数量排在前十的俱乐部进行一次性奖励。

综上，川藏地区对于自驾游的政策以规划类、措施类为主，自驾游在两地的旅游发展中占据重要地位，规划类政策文件中不仅有较大篇幅针对自驾游发展，而且制定了《汽车营地发展规划》，对于两地自驾游发展起到了较大的引导作用。四川省还制定了一系列推动自驾游发展的措施，主要集中在自驾游交通网络和基础服务设施配套建设方面，也提出了要打造交通旅游融合示范产品。在旅居车规范和营地用地管理上，基本遵循国家相关政策规定，并无突破。在营地建设经费补贴上，四川省将其纳入全省的旅游发展基金中，而成都市则将其纳入旅游基础设施和公共服务设施建设经费中。

同时，川藏两地还积极探索区域旅游合作新模式。早在 2014 年，两地就签订了共同促进旅游业发展合作协议，建立地方政府层面的旅游合作机制，联合打造“318 世界生态景观大道自驾自助游”；建立跨省区的旅游立体交通运输网络和跨省区旅游公共服务体系，联合开发跨省区旅游产品、联合营销跨省区旅游品牌和形象、加强旅游市场监管合作、加强旅游人才培养合作等，树立川藏国际旅游形象和品牌，共建无障碍旅游区，成立“川藏两省区旅游工作会商委员会”，定期对旅游业发展的重大事项进行研究，构建两省区政府层面沟通协调、良性互动的长效机制。这一机制对于川藏自驾游发展具有积极作用，打通了两省区之间的发展壁垒，为川藏自驾游发展创造了良好的社会环境。

二　现有川藏自驾旅游相关政策存在的问题

从推出总体规划到出台地方政策再到制定标准，川藏地区对于以 G318 川藏自驾景观大道为代表线路的川藏自驾游在政策层面给予了足够重视。此外两省区还建立了协同合作机制，将川藏自驾游提升到世界旅游产品的层面来打造。但从川藏自驾游发展的现状来看，相关政策还存在以下问题。

（一）川藏两地在自驾游政策制定上明显失衡，不利于协同发展

从目前两地制定的自驾游相关政策来看，四川地区针对自驾游的政策明显更多、更细，政策类型涉及规划、标准、措施和激励四大类，而西藏地区则只有一个规划类和一个标准类政策文件，无措施类和激励类政策文件，两地在政策制定上明显失衡。在四川的各项措施类政策中，旅游交通网络的构建、基础设施和公共服务设施的配套建设是最为重要并多次提到的。构建无缝对接的交通体系是发展自驾游的必要条件，四川近几年也在逐步构建川藏地区的交通网络，并连接内部交通，但如果西藏地区的交通条件得不到改善，必然会对川藏地区的自驾旅游发展产生较大的影响。

（二）缺乏有效的土地和金融政策，使得营地项目发展缓慢

目前四川省明确了自驾车房车营地项目土地用途按旅馆用地管

理，按旅游用地确定供应底价、供应方式和使用年限。按照旅馆用地来管理，意味着根据《中华人民共和国国有土地使用权出让和转让暂行条例》规定走相关土地出让和转让手续流程，土地使用权出让最多40年，用地价格自然就高。这一政策将自驾车房车营地等同于旅馆项目，而忽略了自驾车房车营地的公共服务属性和大部分的景观用地性质，自驾车房车营地要承担很大一部分的公共服务设施建设任务。这种投资大、回报小、周期长的项目让广大投资人不敢盲目进入自驾游营地开发市场，造成自驾游营地建设发展缓慢，自驾游企业主要从事与旅游活动策划相关的业务。此外，金融借贷政策方面，目前只有平安银行参与进来，其他主流银行并未参与，这使得广大投资人即使有心投资自驾游产业，也会因为资金问题望而却步。

（三）公共服务的配套政策支持力度还有待加大，自驾营地生存困难

无论是交通与旅游融合发展，还是自驾游服务企业的实践，都凸显了公共服务对于自驾游的必要性。公共服务体系不仅包括基础设施硬件，也包括政策、信息、营销等软件。在2016年之前，发展自驾游、露营的主力是社会力量，即各类俱乐部、旅行商和露营地。2017年，相关工作指向公共服务，以公共服务为核心的全域旅游，在很多地方也是以自驾游为落地形态的。但目前自驾游公共服务体系并不完善，这在川藏自驾旅游中表现尤为突出，不仅自驾游服务中心、加油站、维修站、停车场、旅游厕所、观景平台等硬件配套设施严重缺乏，而且政府以及相关部门提供的咨询、救援、

公共信息、投诉受理处理、营销推广等公共服务严重滞后。在此背景下，川藏自驾营地除了要增加基本配置外，往往还需要增加维修站、观景平台等公共服务设施，并且因政府公共服务滞后，企业往往还要承担咨询、救援、营销推广等方面的工作，使得自驾营地生存困难。这在一定程度上影响了川藏自驾旅游的发展。

（四）政策偏向于新交通网络的构建，而忽视了老川藏线道路文化的保护

川藏线对于自驾旅游爱好者的吸引力是有别于其他线路的，它的险和难与它的美一样，都是吸引自驾游爱好者踏上这条路的重要因素。但随着川藏线交通条件的不断改善，兴建的隧道、桥梁绕开了原来那些险峻的道路，也绕开了原来修建这条路的历史荣光，这无疑削减了川藏公路的旅游价值。目前针对川藏公路文化保护的政策是空白的，虽然关于川藏公路的道路交通设施完善的意见很多，但缺乏对其进行可持续保护发展的政策，如果没有政策的支持与引导，这条道路的历史文化恐怕会随着交通的变化而不断流失乃至消失。

三　川藏自驾游政策制定建议

（一）西藏地区要加快自驾游政策的制定，与四川地区协同发展

除了国家制定的一系列针对少数民族地区和西藏地区的道路交通等基础设施建设的政策外，西藏地区自身也可以制定关于西藏内部交通等基础设施以及公共服务配套等的建设政策，这不仅可以加

快两地自驾旅游的协同发展，也可以加快地方经济的融合发展。同时针对自驾游发展，不仅要靠政府发力，也要调动行业协会和地方企业的积极性，多渠道、多点位地制定吸引自驾游团队及游客的激励政策和措施政策，推动川藏自驾旅游的协同发展。

（二）结合露营地的用地特性，探索制定适合地方发展的自驾营地用地政策

目前，用地政策依然是制约自驾营地发展的最大因素。营地用地政策的出台，让营地建设发展有据可依，但也大大增加了营地建设的用地成本。对于营地，到底是将其作为旅馆的另一种形式，还是重新审视营地的公共服务属性？这对于营地今后的发展有着至关重要的作用。川藏地区的自驾营地，尤其是川藏线上的自驾营地，除了提供基本的住宿外，还需要提供汽车维修、观景台、旅游厕所、停车场、旅游咨询、救援等一系列的公共服务。从这个角度来说，川藏自驾营地是具有公共服务属性的。能否对营地的土地性质进行单独分类，根据永久性与临时性设施、用地年限、绿化率或硬化率对不同类型的营地进行细分，区分商业性和公益性，满足要求的按公共服务设施建设管理？这是十分值得探索的，如果论证合理，将极大地促进川藏地区自驾营地发展。

（三）努力将川藏公路纳入国家规划中，争取国家层面的政策支持

川藏公路因其特殊的地质环境，修建、养护成本都极其高，单靠两省区的力量完善它的公共服务配套，是非常困难的。而如果让

这条线上的自驾游企业承担更多的公共服务配套建设任务，也会加大企业投资难度。如果能够将川藏公路纳入国家公园的序列，将会得到国家层面对于川藏公路基础服务设施建设更多的支持，这无疑会使川藏公路的公共服务配套建设上升到一个新的阶段，对于川藏公路自驾旅游的发展也必将起到极大的促进作用。

（四）加快道路建设的同时，注重制定川藏公路文化保护政策

川藏公路以其险峻著称，“两路”精神也是它特有的历史文化，但随着川藏公路交通状况的不断改善，为了降低行车风险，新的川藏公路绕开了很多的盘山公路，而直接以隧道、桥梁替代。传统的川藏公路文化遗迹因年久失修，逐渐被废弃，政府部门应该加大对川藏公路文化进行保护与开发的政策支持力度。针对川藏公路上大大小小的遗迹，如果能够制定川藏公路文化遗迹保护规划政策，以此为依托建立川藏公路遗址公园，不仅可以保护川藏公路的历史文化，还可以将其作为旅游景点，增加川藏公路的旅游亮点。

川藏公路自驾旅游需求市场研究

肖　梅　王　炼*

摘　要： 本文通过问卷调查、实地调研等方式，对川藏线自驾旅游者的基本属性和消费情况进行分析，得到了川藏自驾旅游者的画像：川藏自驾旅游群体消费水平处于中上游，餐饮、住宿是自驾过程中的最大消费支出，道路条件和配套设施情况影响着自驾游客的体验感。基于游客消费行为分析，本文提出了自驾旅游开发的对策：加强G317、G318川藏线县域间小环线线路设计与开发，完善汽车营地配套设施建设，完善基础设施建设，加强旅游智能化信息服务，提高旅游相关纪念品的吸引力。

关键词： 川藏公路　自驾旅游　自驾游需求市场

一　引言

川藏公路，一条公认的世界级观景长廊，多次被评为我国“自驾爱好者的天堂”，该条公路有着丰富的旅游资源，被誉为“最美景观大道”。2018年1月，国家旅游局、国务院扶贫办联合

* 作者简介：肖梅，四川旅游学院讲师，主要研究方向为模糊数学；王炼，四川旅游学院讲师，主要研究方向为会展旅游。

发布《关于公布中国“西部行”自驾旅游线路的通知》，推出10条精品旅游线路，其中G318川藏线排在首位。随着自驾旅游的发展，川藏公路自驾旅游者呈明显上升趋势。

在2019年自驾游大会上，云捷亮数创始人戴可做了题为“2018年中国自驾游发展年度报告”的分享，指出中国已经拥有4亿人口的驾照人群，从用户购买新车的目的来说，除了日常的出勤、商务用途和接送子女，这几年增加最多的一个购车目的是自驾游，这个自驾游的板块里包括短途、周末的郊游以及中长途的驾车旅行。并且中国的公路里程正处于逐年增长的状态，目前已经达到485.9万公里，同时在2018年又新增了2.8万公里，在这些公路里面就存在很多的景观大道，也出现了很多可打造可塑造的自驾游路线。以G318川藏线为例，虽然G318只是一条路，但通过搜索引擎和IP的追踪可以发现，主动搜索G318的人群遍布在全国各个省区市。其中以四川的比例最多，但华南地区甚至于东北、华北等地区对于G318的关注度也是非常高的。因此G318虽然只是一条路，却影响全国的自驾游爱好者。① 由途牛旅游网与车轮互联科技股份有限公司联合发布的《2019上半年自驾游报告》指出近八成的长线自驾游用户选择去西部地区，其中川藏线是境内最热门的长线自驾游路线。

随着移动互联网的发展，如今人们获取信息越来越便捷，人们的出行方式发生了改变，对于热门的长线自驾游线路川藏线，自驾旅游者有效地获取路况、天气、景点情况等信息的需求越来越迫切，因此本文从基本属性、消费情况对进入川藏线的自驾旅游者进

① 《2018年中国自驾游发展年度报告》，执慧文旅大消费产业新媒体网站，http://www.tripvivid.com/articles/19492。

行分析，并基于游客消费行为研究，提出自驾旅游开发的对策，意在为今后政府出台旅游政策、企业开发自驾游产品和开展市场营销工作以及提升游客自驾旅游体验感等提供相应参考。

二　问卷调查的设计与实施

本文主要采用问卷调查法进行数据的收集。调查问卷共有两个部分：第一部分是川藏线自驾游客的基本情况，包括自驾者的性别、年龄、工资、学历、车辆来源、居住地、职业、出游时间、出游人数、出游方式和半径等共 16 个问题；第二部分是川藏线自驾游客的消费情况，包括自驾游者每人每天消费额、消费占比、满意度等共 6 个问题。2019 年 7 月至 2020 年 4 月，项目组成员通过在 317 国道和 318 国道自驾进行田野调查，并结合网络调研，共收集川藏线自驾游客消费行为调查问卷 265 份，所有调查问卷均有效。

三　自驾游客基本属性分析

（一）川藏线自驾游客以中青年为主

从年龄结构上看，自驾游客中中青年（年龄为 18～40 岁）占主体部分，占到了总数的 83.77%，其中以 25～40 岁的游客居多（见图 1）。由于 18 岁以下的人群达不到申领驾照的条件且不具备独自进行川藏线自驾游的经济基础，故不在本次调查范围内。

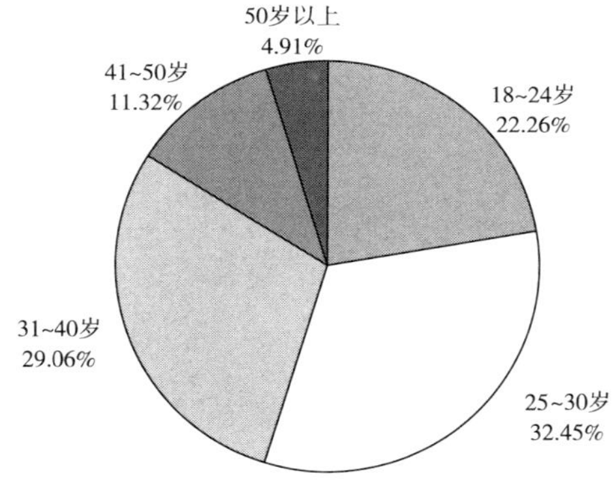

图 1　川藏线自驾游客年龄结构

（二）川藏线自驾游客受教育程度普遍较高

从受教育程度上看，绝大部分游客受教育程度较高，其中本科及以上学历者占比为 83.39%（见图 2），他们拥有较强的旅游认知能力和较高的素养，这有利于川藏线自驾旅游市场的开发。

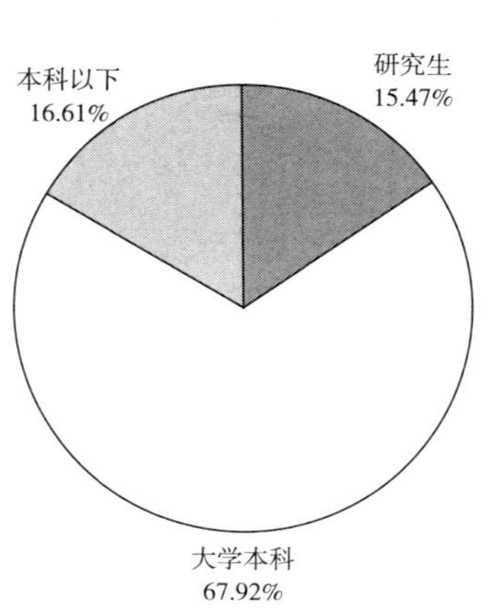

图 2　川藏线自驾游客学历情况

（三）川藏线自驾游客结伴出游比例高

从客群结构看，前往川藏区域自驾旅游的游客以与朋友和家人结伴出游自驾最为常见（见图 3）。首先，川藏线的特点是路程长、地广人稀、路况复杂、气候变化大，所以在自驾游的过程中容易遇到意外情况，和朋友家人一起，既可以相互照顾，也可以增进亲密关系。其次，游客可以和旅伴一起分享川藏线沿路美丽的风景，消除长时间路途带来的寂寞。最后，与家人和朋友一起出行，因为彼此之间感情深厚，大家会互相包容，遇事好商量。另外，项目组成员收集的问卷显示，2～3 人组团的方式最为普遍。

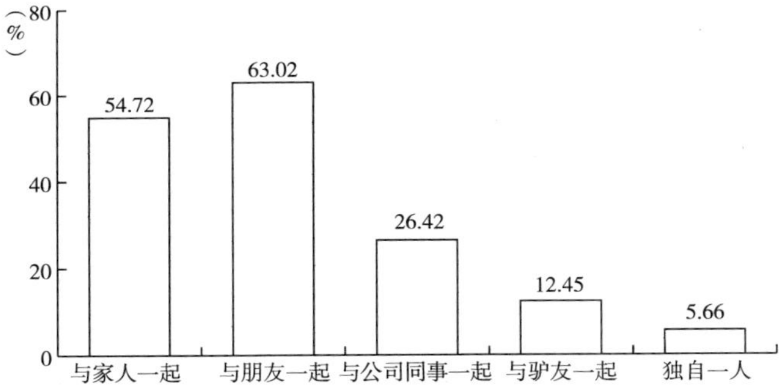

图 3　川藏线自驾游客出游结伴情况

（四）川藏线自驾游客出游时间普遍选择3～10天

行程安排上，前往川藏区域自驾旅游的游客大多选择 3～8 天的行程，出游人次占到 67.93%，其次为 9～10 天的行程，出游人次占比 22.26%。因此，相关企业在设计川藏线自驾旅游产品时，可以根据自驾旅游者的不同出游时间设计不同的自驾旅游产品。

（五）川藏线自驾游客出游方式为带车自驾与落地自驾相结合

除了带车自驾，随着川藏区域旅游机场的兴建，以及成都高铁的越发便利，落地自驾成为重要的出游方式。就川藏区域自驾而言，由于北方、东部城市的自驾游客全程自驾的时间成本和经济成本较高，对他们来说，落地自驾是更理性的选择。

（六）川藏线自驾游客更在意旅行的过程和沿途的体验

从自驾游动机看，如图4所示，川藏线自驾游的游客大多以观光旅游、放松身心、体验人文景点为目的，他们更加追求旅行体验感和参与感，目的地不再是核心决策依据，他们更在意旅行的过程和沿途的体验。①

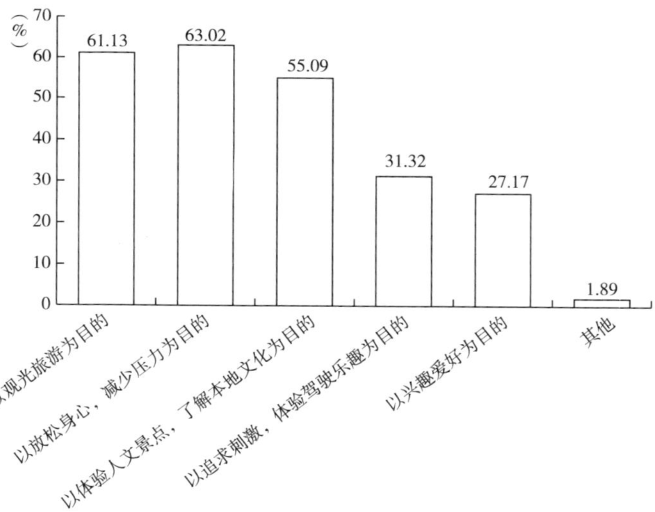

图4　川藏线自驾游客出游动机

① 熊数：《318国道川藏线自驾车旅游游客特征研究》，《西部发展评论》2016年第0期。

（七）川藏线自驾游客客源地来源较广

从客源地看，随着我国社会经济的持续快速发展，汽车保有量及汽车驾驶人数的迅猛增长，以及公路网络建设的持续推进，自驾旅游成为国民旅游的主体形态之一。国家统计局《中华人民共和国 2019 年国民经济和社会发展统计公报》显示，年末全国民用汽车保有量 26150 万辆（包括三轮汽车和低速货车 762 万辆），比上年末增加 2122 万辆，其中私人汽车保有量 22635 万辆，增加 1905 万辆。民用轿车保有量 14644 万辆，增加 1193 万辆，其中私人轿车保有量 13701 万辆，增加 1112 万辆。[①] 另外根据途牛旅游网携手中国旅游车船协会自驾游与露营房车分会、西部自驾车旅游联盟共同发布的《中国西部自驾游旅游发展报告 2018》，2017 年，上海、北京、深圳、南京、杭州、苏州、沈阳、成都、郑州位居自驾旅游客源地前十强，[②] 国内长线自驾旅游市场崛起，西部目的地受宠，特别是川藏线。报告还显示落地自驾接受度日益提高，北京、上海、成都、南京、重庆、武汉、西安、苏州、广州、郑州等城市消费者是前往西部进行自驾旅游的主力军。结合问卷调查结果，如图 5 所示，这些客源地城市主要分布在经济基础较好、居民收入较高的京津、长三角、珠三角地区以及具有地理区位优势的川渝地区。

① 《中华人民共和国 2019 年国民经济和社会发展统计公报》，国家统计局官网，http://www.stats.gov.cn/tjsj/zxfb/202002/t20200228_1728913.html。

② 《途牛：2018 年中国西部自驾游旅游发展报告》，中文互联网数据资讯网，http://www.199it.com/archives/752586.html。

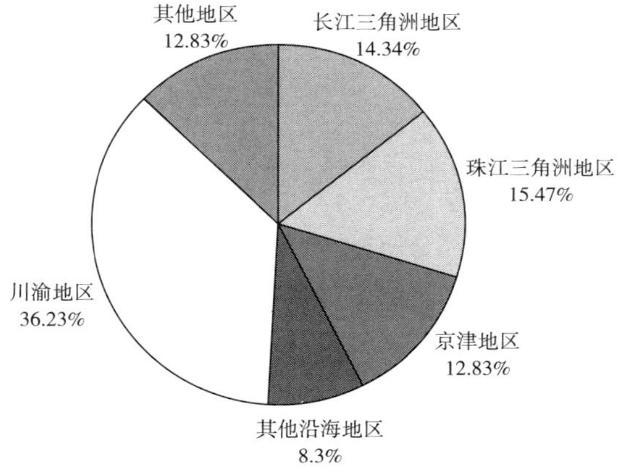

图 5　川藏线自驾游客客源地统计情况

四　自驾游客消费情况分析

（一）消费水平分析

川藏线自驾游客月收入水平如图 6 所示。

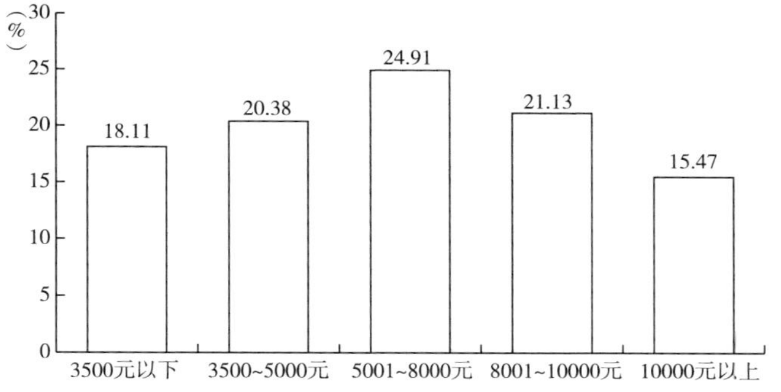

图 6　川藏线自驾游客月收入水平

从收入层面看，不同的收入水平和经济情况直接决定了游客选择何种档次的自驾游活动。从图 6 数据可以看出，川藏线自驾游客普遍处于中等收入水平，这表明目前川藏线自驾旅游对经济的要求不高，自驾旅游并不是有钱人的特权，且从年龄结构看呈现年轻化的趋势。从问卷调查可以看出，川藏线自驾游客中，事业单位工作人员、自由职业者以及企业管理者占比较多，他们既有较高的收入也有相对充分的时间体验自驾游的乐趣（见图 7）。

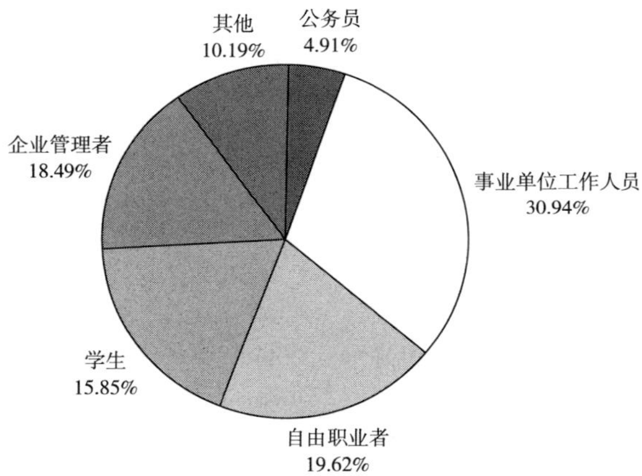

图 7　川藏线自驾游客职业情况

根据统计结果，川藏线自驾游客出行人均总消费在 2000 元至 20000 元，跨度较大。从人均每天花费来看，200～500 元的比例最高，占 49.43%，其次是 501～1000 元，占 27.17%，200 元以下的占 13.58%，1000 元以上的占 9.81%，为极少数（见图 8）。其中人均每天花费在 200 元以下的情况，可能是部分游客为了体验“穷游”的新潮方式特意为之。

从年龄来看，如图 9 所示，人均每天花费在 501～1000 元的比例最高的是年龄在 31～40 岁的人群，这部分人群既有消费能力，

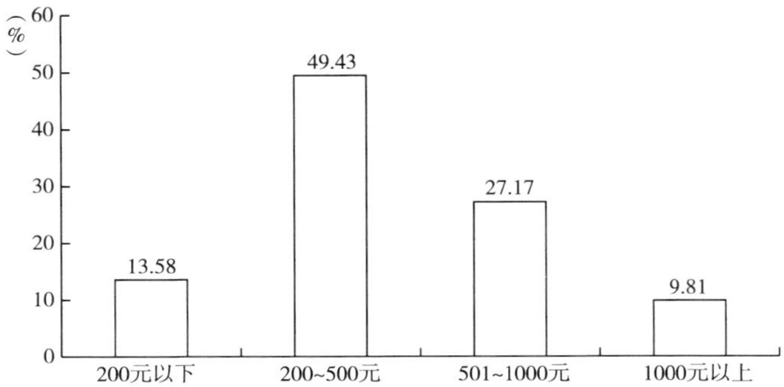

图 8　川藏线自驾游客人均每天花费

也在消费上保持了一定的理性。相比于普通旅游消费水平，川藏线自驾旅游的消费水平较高。

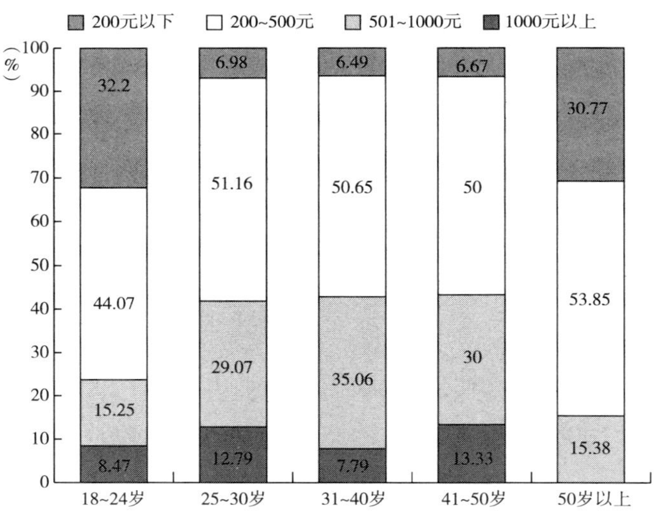

图 9　川藏线自驾游客人均每天花费和年龄交叉分析统计

（二）消费结构分析

川藏线自驾旅游的消费主要包括油费、过路费、车辆保养费、住宿费、餐饮费、景点门票费以及购物费用。其中油费、过路费根据车辆的排量、出游线路来确定，是一笔固定的费用，而根据个人的消费能力，住宿和餐饮消费就存在一定的差异。

根据调查统计，在住宿方面，如图 10 所示，大部分游客会选择民宿和快捷酒店，有 40.38%的自驾游客选择民宿，有 28.3%的自驾游客选择快捷酒店。他们对住宿的要求主要是干净、整洁、安全，而不讲究豪华。而选择营地这种形式的游客占比相对较少，说明当前人们对自驾车营地的认知度较低，这与川藏线上的自驾车营地发展缓慢、普及率较低有关。川藏线自驾旅游从业者应该及时窥探到这个问题，有针对性地加强自驾旅游相关知识和服务的学习与推广，不断激发自驾游市场对相关产品和服务的需求。

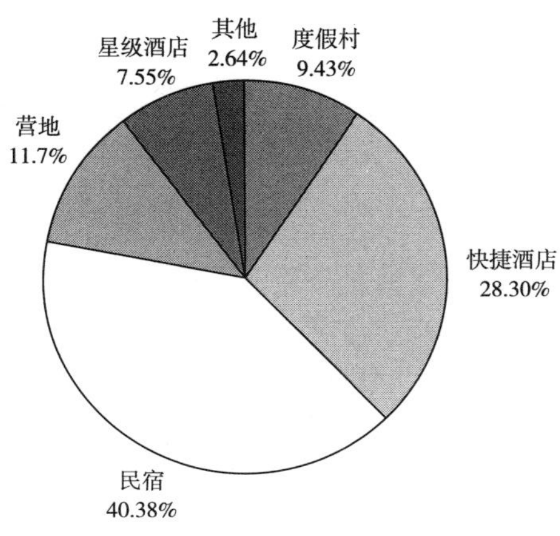

图 10　川藏线自驾游客住宿形式占比

在餐饮方面，如图 11 所示，大部分自驾游客每人每天消费为 51～200 元，占比 82.64%。由于川藏线上餐馆里的很多食材是从外地运去的，运输成本较高，所以餐饮价格相对较高。加上大部分游客还会品尝当地特色美食，或买一点当地特产，因而消费会更高。

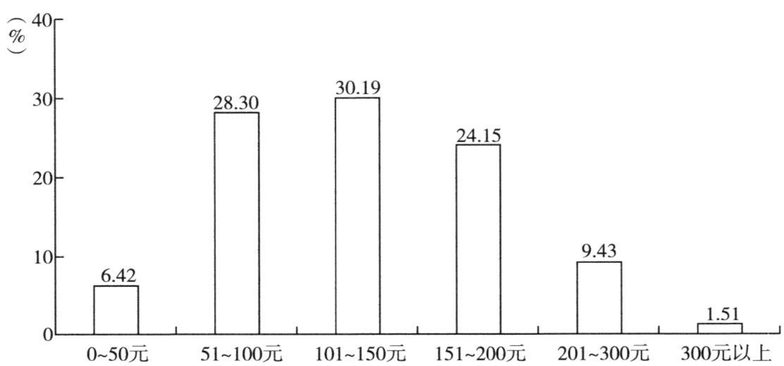

图 11　川藏线自驾游客每人每天餐饮花费情况

综上，通过大数据分析的方式项目组对川藏线自驾旅游者从年龄结构、受教育程度、收入水平、出游方式、出游时间、客源地情况等方面进行了游客画像（见图 12）。

图 12　川藏自驾游客画像

从消费水平看，大部分川藏线自驾游客出行人均总消费在2000元至20000元，跨度较大。从人均每天消费来看，200~500元的比例最高，占比49.43%，其次是501~1000元，占比27.17%。

从年龄分布看，自驾游客中中青年占主体部分，年龄多在25~40岁，占到了总量的61.51%，其中以25~30岁的游客居多。

从经济特征看，该群体普遍具有较高的消费能力，月收入多在5000~10000元，是中等收入阶层代表，他们更追求旅行体验感和参与感。

从文化程度看，绝大部分游客受教育程度较高，其中，本科学历占比67.92%，他们拥有较强的旅游认知能力和较高的素养。

从出游时间看，前往川藏线自驾游的游客大多选择3~8天的行程，出游人次占到67.93%。其次是9~10天的行程，出游人次占比22.26%。

从客源地看，川藏线自驾游客源地城市主要分布在经济基础较好、居民收入较高的京津、长三角、珠三角地区以及具有地理区位优势的川渝地区。

五 基于游客消费行为研究的自驾旅游开发对策

通过梳理相关统计年鉴及政府工作报告发现，西藏自治区2018年累计接待游客3368.73万人次，比上年增长31.5%，其中接待国内游客3321.11万人次，比上年增长31.4%；接待入境游客

47.62 万人次，增长 38.6%；实现旅游收入 490 亿元，增长 29.2%。[①] 2019 年累计接待国内外游客 4012.15 万人次，比上年增长 19.1%。其中，接待入境游客 54.19 万人次，增长 13.8%；接待国内游客 3957.96 万人次，增长 19.2%。实现旅游总收入 559.28 亿元，增长 14.1%。其中旅游外汇收入 27907 万美元，增长 12.9%；国内旅游收入 540.44 亿元，增长 14.1%。[②]

根据中国民用航空西藏自治区管理局 2017 年底发布的数据，贡嘎机场旅客吞吐量首次突破 350 万人次，2018 年旅客吞吐量超 575 万人次，同比增幅达 8.1%；[③] 2018 年，甘孜藏族自治州接待游客 2230 万人次，实现旅游综合收入约 222.5 亿元，同比分别增长 33.69%、34.04%，2019 年接待游客 3300 余万人次，增长 47.98%，综合收入约 363 亿元，增长 62.16%，“实现一年上一千万台阶、一年破一百亿大关”；[④] 2018 年，阿坝藏族羌族自治州接待游客 2369.5 万人次，实现旅游收入 166.7 亿元，2019 年，接待游客 3157.1 万人次，增长 33.2%，实现旅游总收入 227.6 亿元，增长 36.5%。[⑤] 其中作为川藏线重要节点的巴塘县 2018 年接待游客 65 万人次，实现旅游收入 6.4 亿元，2019 年接待游客 85 万人次，实现旅游收入

① 《2018 年西藏自治区国民经济和社会发展统计公报》，中国西藏新闻网，http://www.xzxw.com/xw/xzyw/201905/t20190528_2635687.html。

② 《2019 年西藏自治区国民经济和社会发展统计公报》，西藏自治区统计局网站，http://tjj.xizang.gov.cn/xxgk/tjxx/tjgb/202004/t20200413_137062.html。

③ 《西藏民航年旅客吞吐量突破 575 万人次》，中国民用航空西藏自治区管理局官网，https://www.xzcaac.com/read.html?id=399&type=2&code=OfficeNews。

④ 《政府工作报告（州十二届四次人代会）》，甘孜藏族自治州人民政府网站，http://www.gzz.gov.cn/gzzrmzf/c100024/202001/dbafd85b830149bcb5e32d5645eb1ae.shtml。

⑤ 《阿坝州十二届人大四次会议政府工作报告》，阿坝藏族羌族自治州人民政府网站，http://www.abazhou.gov.cn/abazhou/c101939/202005/fbf95eec86734d22aca6132fcee706b1.shtml。

9.35亿元，同比增长46%；[①] 林芝市2018年接待国内外游客713.5万人次，实现旅游收入59.22亿元，同比分别增长37.56%、30.26%。项目组通过查阅统计年鉴、政府工作报告以及收集川藏线相关地市州发布的旅游数据，结合项目的实地考察以及针对旅游相关要素调研分析发现，从2018年开始，川藏线自驾游客已经超过2000万人。针对如此庞大规模的游客市场，如何更好地激发需求市场潜力，项目组就川藏线自驾游客市场开发提出以下对策。

（一）加强G317、G318川藏线县域间小环线线路设计与开发

短线自驾旅游已成为更多自驾游客选择的出行方式，川藏区域因其独特的自然景观和人文景观吸引着大量游客。2018年1月，国家旅游局、国务院扶贫办联合发布《关于公布中国“西部行”自驾旅游线路的通知》，推出10条精品旅游线路，其中G318川藏线排在首位。目前穿行在G317、G318的游客数量呈快速增长趋势，两条国道的通行压力不断增大，2018年国庆期间，折多山由于暴雪滞留车辆1000多辆，让G318道路承载能力不足等问题暴露无遗。为更好地缓解G317、G318道路的压力，促进川藏区域旅游协同发展，在G317、G318川藏线县域间加强小环线的线路设计与开发迫在眉睫。

---

① 《2019年政府工作报告》，巴塘县人民政府网站，http://www.batang.gov.cn/13771/13779/13905/2020/01/07/10687179.shtml。

（二）完善汽车营地配套设施建设

2018 年 3 月，国务院办公厅印发《关于促进全域旅游发展的指导意见》；6 月 11 日，国家体育总局办公厅发布的《关于加快推动汽车自驾运动营地产业发展的通知》明确，到 2020 年，每个省区市至少建成 50 家专业性强、基础设施完善的汽车自驾运动营地，初步形成“三圈三线”自驾线路和汽车自驾运动营地网络体系；川藏区域 G317、G318 国道目前已有如 318 营地、林芝华侨城南山国际汽车营地等较为成熟的汽车露营地。自驾旅游的快速发展在一定程度上催生了对汽车露营地服务的巨大需求，汽车露营地除提供住宿外，延展娱乐、休闲、运动等综合服务模块，逐步从休憩地向目的地转变，取得了较好的成效。而目前川藏线上个性化、地域化的特色营地数量较少，营地的基础设施建设和配套设施建设与自驾游客的需求存在一定矛盾，因此，应该不断完善汽车营地配套设施建设，以提升营地的服务质量和游客满意度，实现营地口碑和效益的双丰收。

（三）完善基础设施建设

自驾旅游是一种极具特色的出游方式，对沿途的基础设施要求较高，包括道路、房车营地、保险系统、安全救护等。目前，我国的自驾公路配套设施及体系化建设还处于发展阶段，无法满足自驾游客越来越多元的个性化需求。川藏区域自然环境相对恶劣，道路条件较差，配套服务设施仍处于完善阶段，应合理规划停车场，同时提供维修、检修、保养等服务；合理规划加油站的布局、完善救援服务、完善道路指示标志的设置等。随着雅康高速、汶马高速等高速公路的发展，游客对自驾旅游基础设施的认知将逐渐从“加油+快餐+厕所”的初级模式，向吃住行游购娱等综合化体系转变。

（四）加强旅游智能化信息服务

旅游业是一个高度依赖信息传递的行业，调查问卷的数据显示，66.42%的游客获取川藏线自驾游信息的渠道是互联网，而这些信息也存在一定的滞后性，比如旅游景点、酒店的地理位置不准和联系方式不全，停车场或者加油站信息无法查询等，这些都将会影响到川藏线自驾游客的体验感。因此川藏线相关旅游网站急需加强信息建设，例如地图类网站应该补充相关信息，除了准确标注餐饮、住宿、景点位置，还应注重信息的及时更新，便于游客通过信息化途径获得更好的旅游体验。

（五）提高旅游相关纪念品的吸引力

从调研的数据来看，川藏线自驾旅游的游客购物意愿不强烈，而购买旅游纪念品和工艺品的游客更少。当前游客在自驾旅游过程中有更为理性的消费观念，并且越来越个性化。从另一个角度看，大量游客不购买商品也恰恰说明川藏线上的自驾旅游市场仍有很大的开发空间，因此应该增加具有藏区特色和文化内涵的商品，提高商品的质量，激发自驾游客的购买欲望，从而促进自驾旅游目的地的经济发展。

六 小结

本文从川藏线自驾游客属性出发，通过问卷调查和实地调研，刻画了喜欢体验川藏线自驾旅游的游客画像，画像显示，川藏自驾旅游群体消费水平处于中上游，餐饮、住宿费用是自驾过程中的最大消费支出，道路条件和配套设施情况影响着自驾游客的体验感。总体来说，川藏线自驾游市场发展潜力巨大，自驾游客潜在群体数量巨大，年龄结构层次丰富，加上近年来川藏公路的道路基础设施越来越完善，今后会有越来越多的人加入自驾游群体，并且产生持续的消费需求，对川藏区域经济发展也会产生一定的带动效应。

川藏公路四川境内民众对自驾旅游的影响感知与态度研究*

樊　丹**

摘　要：目的地居民是旅游业开发的受益主体之一，他们对旅游影响的感知与态度是反映当地旅游业发展状况的主要依据。本文以川藏公路四川境内目的地居民为研究对象，从旅游业开发对经济、环境、社会文化、其他四个方面的影响进行分类，开展目的地民众对自驾旅游的影响感知与态度测评研究，并提出相应的建议：兼顾目的地居民利益；关注目的地社会文化的脆弱性；关注目的地环境，设立公路段无垃圾示范区；广泛宣传当地风俗习惯，使旅游者与目的地民众和谐共处。

关键词：川藏公路　自驾旅游　旅游目的地民众

一　引言

目的地居民是旅游业开发的受益主体之一，他们对旅游影响的

*　基金项目：四川旅游学院资助项目"'一干多支，五区协同'视角下的县域旅游发展研究"（项目编号：19SCTUSZ05）。

**　作者简介：樊丹，四川旅游学院讲师，研究方向为应用数学。

感知与态度是反映当地旅游业发展状况的主要依据。如何推进目的地居民支持旅游业的开发是旅游学界关注的一个重要的问题。陆林以皖南为研究对象，以旅游地居民态度调查为突破口，研究探讨了旅游目的地居民对旅游影响的感知。[①] 李有根等对居民旅游影响知觉的概念、特征、意义进行了较详细的解释，并将居民旅游影响知觉纳入旅游心理学的体系。[②] 黄洁、吴赞科以浙江兰溪市诸葛、长乐两个古村落为研究对象，对旅游发展给当地社区所带来的积极和消极两方面的影响进行了调研，并通过聚类分析划分出对旅游发展持不同观点的三类人。[③] 黄玉理在对平遥古城居民旅游发展态度进行研究的过程中，发现不同性别和年龄的居民对待旅游的态度不同，同时发现学历、收入、职业、居住年限等因素对旅游态度产生一定程度的影响。[④] 刘志英基于旅游地生命周期理论对旅游发展阶段进行划分，并分析了在不同旅游发展阶段当地居民的旅游影响感知与态度。[⑤] 李江敏等依据空间正义原则，在研究南靖土楼居民参与旅游管理意愿的基础上，从政府力量、资本逻辑、文化及其结构性力量、主体的认同与抗争四个方面提出谋求南靖土楼旅游发展与居民需求相平衡的策略建议。[⑥]

① 陆林：《旅游地居民态度调查研究——以皖南旅游区为例》，《自然资源学报》1996 年第 4 期。

② 李有根、赵西萍、邹慧萍：《居民对旅游影响的知觉》，《心理学动态》1997 年第 2 期。

③ 黄洁、吴赞科：《目的地居民对旅游影响的认知态度研究——以浙江省兰溪市诸葛、长乐村为例》，《旅游学刊》2003 年第 6 期。

④ 黄玉理：《我国世界遗产地居民对旅游发展的态度与感知研究——以平遥古城为例》，《桂林旅游高等专科学校学报》2006 年第 1 期。

⑤ 刘志英：《不同发展阶段的古镇居民旅游影响感知与态度研究》，硕士学位论文，西南财经大学，2012。

⑥ 李江敏、高洁、刘晶晶：《空间正义视角下乡村遗产地居民对旅游影响的感知——以南靖土楼为例》，《开发研究》2019 年第 5 期。

二 数据来源及研究方法

1. 数据来源

基础数据来源于问卷调查。问卷调查分别在线上和线下共同完成，调查内容由两部分组成：第一部分为被调查者的基本情况，包括职业、性别、年龄、受教育程度、收入等；第二部分采用李克特5级量表的形式，结合川藏沿线各目的地实际情况确定了17个测量指标，研究民众对自驾旅游在经济、环境、社会文化等方面的影响感知与态度。

为保证问卷调查结果具有代表性，项目组分别于2019年5月和9月、2020年4月在调查员的辅助下，以户为单位对川藏公路四川境内沿线部分目的地居民进行有偿抽样调研。项目组共发放问卷341份，获得有效问卷328份，有效率为96.2%。SPSS 22.0信效度分析结果显示本次量表的Cronbach's Alpha值是0.803，KMO值为0.832，Bartlett球形度检验Sig.值为0.000，表明数据可以用来进行相关统计分析。

2. 调查对象基本情况

表1反映了川藏公路四川境内沿线各目的地民众的基本情况，从中可以看出调研样本有着比较好的代表性，包括性别、年龄层次、受教育程度、职业及家庭年收入水平等情况。有效样本的特征表现为：在性别方面，被调查对象中男性比例为38.1%，女性比例为61.9%；在年龄上，被调研对象以中青年为主，主要集中在18~45岁，占比86.0%；在受教育程度上，被调查对象中本科及以上学历人数最多，占比43.0%，但整体而言被调查者受教育程度在多个层次均有一

定的分布；在职业方面，被调查者中其他行业人员、学生、公务员数量较多，占比 62.9%；在家庭年收入方面，被调查者家庭年收入在 2 万元以下的目的地民众占总数的 42.1%，高收入者较少。

表 1　有效样本人口属性

类别	变量	百分比（%）
性别	男	38.1
	女	61.9
受教育程度	初中及以下	10.1
	中专与高中	21.3
	专科或高职	25.6
	本科及以上	43.0
家庭年收入	0~20000 元	42.1
	20001~50000 元	22.9
	50001~70000 元	16.2
	70001~90000 元	12.2
	90001 元及以上	6.6
年龄	18 岁以下	5.5
	18~24 岁	49.4
	25~45 岁	36.6
	46~59 岁	7.3
	60 岁及以上	1.2
职业	公务员	17.4
	企事业管理人员	14.9
	农牧民	13.1
	学生	22.0
	服务销售人员	9.1
	其他行业人员	23.5

三　目的地民众对自驾旅游的感知与态度分析

（一）问卷信度和效度分析

（1）信度分析

信度检验采用 Cronbach's Alpha 值作为衡量内部一致性信度的指标，本次量表的 Cronbach's Alpha 值是 0.803，大于推荐值 0.7，说明这份问卷的可信度较高，适合做下一步的效度分析。

①经济影响感知。该量表包括“促进了本地的经济发展”“使就业机会增多，提高了村民收入”“使本地物价上涨”“村民的生活开支增加”“村民间的贫富差距增大”五个题项。经 SPSS 22.0 软件测算，变量的 Cronbach's Alpha 值是 0.782，大于推荐值 0.7，说明测量指标具有良好信度。

②环境影响感知。该量表包括“促使村民环保意识增强”“改善交通、卫生等基础设施”“使本地环境质量下降”“影响本地宁静的生活氛围”四个题项。经 SPSS 22.0 软件测算，变量的 Cronbach's Alpha 值是 0.711，大于推荐值 0.7，说明测量指标具有良好信度。

③社会文化影响感知。该量表包括“使村民对旅游资源的认识和保护意识提高”“促使当地传统文化得到保护与开发”“丰富了村民的文化生活”“使村民传统思想观念发生转变”“使本地社会治安问题增多”“使村民语言、饮食、穿着等生活习惯发生较大改变”“产生了利益纷争、影响了邻里关系”“使本地淳朴的民风受到影响”八个题项。经 SPSS 22.0 软件测算，变量的 Cronbach's

Alpha 值是 0.826，大于推荐值 0.7，说明测量指标具有良好信度，问卷是可信的。

（2）效度分析

本研究运用 SPSS 22.0 软件的因子分析进行效度检验，得出 KMO 值为 0.832，大于 0.8。根据 Kaiser 提出的标准（0.9 以上表示非常适合；0.8 表示适合；0.7 表示一般；0.6 表示不太适合；0.5 及以下表示极不适合），可以认定本问卷的效度检验合格。KMO 和 Bartlett 的球形度检验结果见表 2。

表 2　KMO 和 Bartlett 的球形度检验结果

取样足够度的 Kaiser-Meyer-Olkin 度量		0.832
Bartlett 的球形度检验结果	近似卡方	3406.520
	df	300
	Sig.	0.000

（二）自驾旅游的总体影响感知分析

调查指标中，目的地民众对自驾旅游影响因素的感知指标主要有经济、环境、社会文化、其他四个方面，民众对自驾旅游影响的感知分为最有利的影响与最不利的影响两个方面。在自驾旅游对目的地最有利的影响因素中，民众认为自驾旅游开发对目的地经济影响占比最高，为 72.6%；对目的地社会文化影响占比次之，为 13.1%，最有利的影响因素排序为：经济>社会文化>环境>其他。在自驾旅游对目的地最不利的影响因素中，民众认为自驾旅游开发对目的地环境影响占比最高，为 65.3%；对目的地其他影响占比次之，为 20.1%，最不利的影响因素排序为：环境>其他>社会文化>经济。整体来看，大部分民众认为自驾旅游的开发将会促使自驾旅游沿线各目的地经济的发展与民众收入水平的提高，但也会给目的地环境造成一定程度的影响，将会扩大当地贫富差距。具体见图 1 与表 3。

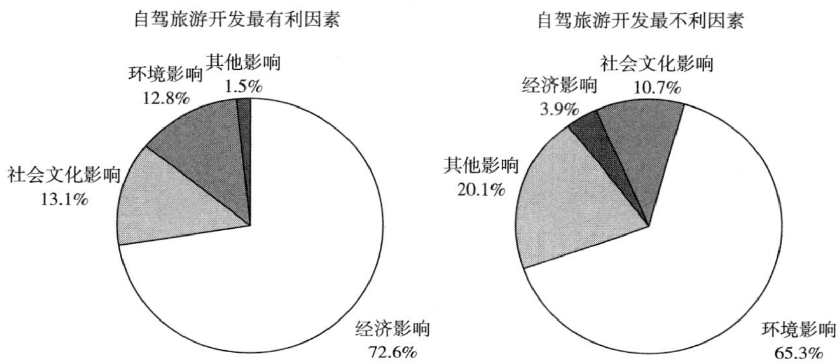

图 1　民众对自驾旅游开发最有利与最不利因素感知结果

表 3　民众对自驾旅游开发最有利与不利因素感知结果

影响感知		最有利影响的百分比			最不利影响的百分比		
		性别		合计	性别		合计
		男	女		男	女	
自驾旅游影响	经济影响	29.6	43.0	72.6	1.8	2.1	3.9
	社会文化影响	4.3	8.8	13.1	4.9	5.8	10.7
	环境影响	4.0	8.8	12.8	23.5	41.8	65.3
	其他影响	0.2	1.3	1.5	7.9	12.2	20.1
	合计	38.1	61.9	100	38.1	61.9	100
影响因素排序		经济>社会文化>环境>其他			环境>其他>社会文化>经济		

（三）自驾旅游的总体影响态度分析

调查指标中民众对自驾旅游开发的整体态度划分为非常赞同、赞同、中立、反对、非常反对等五个方面。由调查问卷分析可知，民众对自驾旅游态度中，非常赞同的占比最高，为45.7%；赞同的占比次之，为42.7%；中立的占比11.0%；反对的占比0.4%；非常反对的占比最低，为0.2%。民众对自驾旅游开发的整体态度排序为：非常赞同>赞同>中立>反对>非常反对。具体见图2与表4。

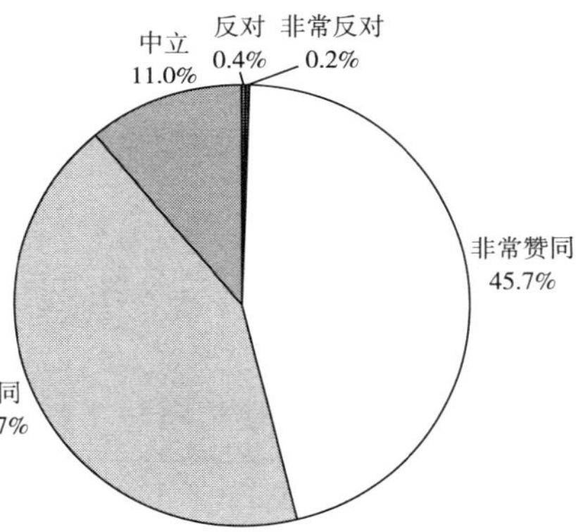

图2　民众对自驾旅游开发的整体态度结果

表4　民众对自驾旅游开发的整体态度结果

影响态度		整体态度的百分比		
		性别		合计
		男	女	
自驾旅游态度	非常赞同	17.7	28.0	45.7
	赞同	16.4	26.3	42.7
	中立	3.7	7.3	11.0

续表

影响态度		整体态度的百分比		
		性别		合计
		男	女	
自驾旅游态度	反对	0.3	0.1	0.4
	非常反对	0.0	0.2	0.2
	合计	38.1	61.9	100
态度影响因素排序		非常赞同>赞同>中立>反对>非常反对		

（四）自驾旅游经济影响态度与感知分析

经济影响态度与感知调查结果如表5所示。整体来看，目的地民众普遍支持旅游业发展，民众对旅游发展产生的经济影响的正面态度要明显强于负面态度，其中，“促进了本地的经济发展”“使就业机会增多，提高了村民收入”两项积极指标的均值高于经济影响总体均值，在所有积极影响的题项中感知与态度最为强烈。91.2%的民众对自驾旅游的发展“促进了本地的经济发展”持赞同与非常赞同的态度，这说明目的地民众对自驾旅游的发展带来的正面影响感知是比较强烈的；0.9%的民众对自驾旅游的发展“促进了本地的经济发展”持反对与非常反对的态度；7.9%的民众对自驾旅游的发展“促进了本地的经济发展”持中立的态度。83.5%的民众对自驾旅游的发展“使就业机会增多，提高了村民收入”持赞同与非常赞同的态度；2.7%的民众对自驾旅游的发展“使就业机会增多，提高了村民收入”持反对与非常反对的态度；13.8%的民众对自驾旅游的发展“使就业机会增多，提高了村民收入”持中立的态度。在其负面影响方面，58.5%的民众对自驾旅游的发展“使本地物价上涨”持赞同与非常赞同的态度；9.7%的民众对自驾旅游的发展“使本地物价上涨”持反对与非常反对的态度。52.1%的民众对“村民的生活开支增加”持赞同与非常赞同的态度；11.6%的民众对“村民的生活开支增加”持反对与非常反对的态度。43.9%的民众对“村民间的贫富差距增大”持赞同与非常赞同的态度；16.5%的民众对“村民间的贫富差距增大”持反对与非常反对的态度。

表 5　自驾旅游经济影响感知与态度

单位：%

要素	非常赞同	赞同	中立	反对与非常反对
促进了本地的经济发展	51.8	39.4	7.9	0.9
使就业机会增多，提高了村民收入	41.5	42.0	13.8	2.7
使本地物价上涨	20.1	38.4	31.8	9.7
村民的生活开支增加	18.3	33.8	36.3	11.6
村民间的贫富差距增大	18.0	25.9	39.6	16.5

（五）自驾旅游环境影响感知与态度分析

环境影响态度与感知调查结果如表 6 所示。从正面影响来看，74.7%的民众对自驾旅游的发展“促使村民环保意识增强”持赞同与非常赞同的态度；3.7%的民众对自驾旅游的发展“促使村民环保意识增强”持反对与非常反对的态度；21.6%的民众对自驾旅游的发展“促使村民环保意识增强”持中立的态度。83.5%的民众对自驾旅游的发展“改善交通、卫生等基础设施”持赞同与非常赞同的态度；2.4%的民众对自驾旅游的发展“改善交通、卫生等基础设施”持反对与非常反对的态度；14.1%的民众对自驾旅游的发展“改善交通、卫生等基础设施”持中立的态度。从其负面影响方面来看，57.0%的民众对自驾旅游的发展“使本地环境质量下降”持赞同与非常赞同的态度；13.1%的民众对自驾旅游的发展“使本地环境质量下降”持反对与非常反对的态度；29.9%的民众对自驾旅游的发展“使本地环境质量下降”持中立的态度。50.0%的民众对自驾旅游的发展“影响本地宁静的生活氛围”持赞同与非常赞同的态度；16.8%的民众对自驾旅游的发展“影响本地宁静的生活氛围”持反对与非常反对的态度；33.2%的民众对自驾旅游的发展“影响本地宁静的生活氛围”持中立的态度。

表 6　自驾旅游环境影响感知与态度

单位：%

要素	非常赞同	赞同	中立	反对与非常反对
促使村民环保意识增强	32.3	42.4	21.6	3.7
改善交通、卫生等基础设施	39.6	43.9	14.1	2.4
使本地环境质量下降	21.3	35.7	29.9	13.1
影响本地宁静的生活氛围	18.0	32.0	33.2	16.8

（六）自驾旅游社会文化感知与态度分析

社会文化影响态度与感知调查结果如表 7 所示。从正面影响来看，78.4%的民众对自驾旅游的发展“使村民对旅游资源的认识与保护意识提高”持赞同与非常赞同的态度；3.0%的民众对自驾旅游的发展“使村民对旅游资源的认识与保护意识提高”持反对与非常反对的态度；18.6%的民众对自驾旅游的发展“使村民对旅游资源的认识与保护意识提高”持中立的态度。81.4%的民众对自驾旅游的发展“促使当地传统文化得到保护与开发”持赞同与非常赞同的态度；1.8%的民众对自驾旅游的发展“促使当地传统文化得到保护与开发”持反对与非常反对的态度；16.8%的民众对自驾旅游的发展“促使当地传统文化得到保护与开发”持中立的态度。83.2%的民众对自驾旅游的发展“丰富了村民的文化生活”持赞同与非常赞同的态度；1.5%的民众对自驾旅游的发展“丰富了村民的文化生活”持反对与非常反对的态度；15.3%的民众对自驾旅游的发展“丰富了村民的文化生活”持中立的态度。从其负面影响方面来看，75.3%的民众对自驾旅游的发展“使村民传统思想观念发生转变”持赞同与非常赞同的态度；5.2%的民众对自驾旅游的发展“使村民传统思想观念发生转变”持反对与非常反对的态度；19.5%的民众对自驾旅游的发展“使村民传统思想观念发生转变”持中立的态度。55.5%的民众对自驾旅游的发展“使本地社会治安问题增多”持赞同与非常赞同的态度；12.8%的民众对自驾旅游的发展“使本地社会治安问题增多”持反对与非常反对的态度；31.7%的民众对自驾旅游的发展“使本地社会治安问题增多”持中立的态度。51.2%的民众对自驾旅游的发展“使村民语言、饮食、穿着等生活习惯发生较大改变”持赞同与非常赞同的态度；17.1%的民众对自驾旅游的发展“使村民语言、饮食、穿着等生活习惯发生较大改变”持反对与非常反对的态度；31.7%的民众对自驾旅游的发展“使村民语言、饮食、穿着等生活习惯发生较大改变”持中立的态度。61.9%的民众对自驾旅游的发展“产生了利益纷争、影响了邻里关系”持赞同与非常赞同的态度；10.1%的民众对自驾旅游的发展“产生了利益纷争、影响了邻里关系”持反对与非常反对的态度；28.0%的民众对自驾旅游的发展“产生了利益纷争、影响了邻里关系”持中立的态度。50.6%的民众对自驾旅游的发展“使本地淳朴的民风受到影响”持赞同与非常赞同的态度；18.0%的民众对自驾旅游的发展“使本地淳朴的民风受到影响”持反对与非常反对的态度；31.4%的民众对自驾旅游的发展“使本地淳朴的民风受到影响”持中立的态度。

表7　自驾旅游社会文化影响感知与态度

单位:%

要素	非常赞同	赞同	中立	反对与非常反对
使村民对旅游资源的认识和保护意识提高	28.7	49.7	18.6	3.0
促使当地传统文化得到保护与开发	29.0	52.4	16.8	1.8
丰富了村民的文化生活	30.5	52.7	15.3	1.5
使村民传统思想观念发生转变	24.7	50.6	19.5	5.2
使本地社会治安问题增多	18.6	36.9	31.7	12.8
使村民语言、饮食、穿着等生活习惯发生较大改变	15.5	35.7	31.7	17.1
产生了利益纷争、影响了邻里关系	22.3	39.6	28.0	10.1
使本地淳朴的民风受到影响	22.0	28.6	31.4	18.0

四　研究结论与启示

本研究通过问卷调查的方式，研究了川藏线自驾旅游各目的地民众对自驾旅游影响的感知与态度，得出以下结论。

（一）目的地民众对自驾旅游总体影响感知有所不同

总体来看，在自驾旅游的经济、环境、社会文化、其他等方面，目的地民众认为自驾旅游最有利的影响因素排序为经济>社会文化>环境>其他，最不利的影响因素排序为环境>其他>社会文化>经济。

（二）目的地民众对自驾旅游总体影响态度有所不同

目的地民众对自驾旅游影响的总体态度为赞同。非常赞同的占比最高，为45.7%；赞同的占比次之，为42.7%；中立的占比为11.0%；反对的占比为0.4%；非常反对的占比最低，为0.2%。民众对自驾旅游开发的整体态度排序为：非常赞同>赞同>中立>反对>非常反对。

（三）目的地民众对自驾旅游经济影响的感知与态度有所不同

整体来看，目的地民众普遍支持旅游业发展，民众对旅游发展产生的经济影响的正面态度要明显强于负面态度。从正面影响来看，91.2%的民众对自驾旅游的发展“促进了本地的经济发展”持赞同与非常赞同的态度，这说明目的地民众对自驾旅游业的发展带来的正面影响感知是比较强烈的；83.5%的民众对自驾旅游的发展“使就业机会增多，提高了村民收入”持赞同与非常赞同的态度。从其负面影响方面来看，58.5%的民众对自驾旅游的发展“使本地物价上涨”持赞同与非常赞同的态度；52.1%的民众对“村民的生活开支增加”持赞同与非常赞同的态度；43.9%的民众对“村民间的贫富差距增大”持赞同与非常赞同的态度。

（四）目的地民众对自驾旅游环境影响的感知与态度有所不同

从正面影响来看，74.7%的民众对自驾旅游的发展“促使村民环保意识增强”持赞同与非常赞同的态度。83.5%的民众对自驾旅游的发展“改善交通、卫生等基础设施”持赞同与非常赞同的态度。从其负面影响方面来看，57.0%的民众对“使本地环境质量下降”持赞同与非常赞同的态度。50.0%的民众对“影响本地宁静的生活氛围”持赞同与非常赞同的态度。

（五）目的地民众对自驾旅游社会文化影响的感知与态度有所不同

从正面影响来看，78.4%的民众对自驾旅游的发展“使村民对旅游资源的认识和保护意识提高”持赞同与非常赞同的态度。81.4%的民众对自驾旅游的发展“促使当地传统文化得到保护与开发”持赞同与非常赞同的态度。83.2%的民众对自驾旅游的发展“丰富了村民的文化生活”持赞同与非常赞同的态度。从其负面影响方面来看，75.3%的民众对“使村民传统思想观念发生转变”持赞同与非常赞同的态度。55.5%的民众对“使本地社会治安问题增多”持赞同与非常赞同的态度。51.2%的民众对“使村民语言、饮食、穿着等生活习惯发生较大改变”持赞同与非常赞同的态度。61.9%的民众对“产生了利益纷争、影响了邻里关系”持赞同与非常赞同的态度。50.6%的民众对“使本地淳朴的民风受到影响”持赞同与非常赞同的态度。

五　相关建议

（一）自驾旅游开发中应兼顾目的地居民利益

目的地居民对自驾旅游经济影响的正面感知超过对社会文化和环境的感知。在自驾旅游开发中，通过开发当地旅游资源，拉长自驾旅游产业链，不仅可以让游客体验到如诗如画般的壮美景观，同时也可以增加目的地居民的收入，实现川藏公路沿线区域脱贫致富与协调发展。

（二）自驾旅游开发中应关注目的地社会文化的脆弱性

在目的地居民对自驾旅游社会文化影响的感知中，大多数民众对“使村民传统思想观念发生转变”“使本地社会治安问题增多”持赞同的态度。在旅游开发的过程中，目的地居民的生活会因经济发展和外地人员的进入而发生改变，在某种程度上对当地文化的发展具有很好的推动作用，但也有可能在某些方面对当地文化产生一定程度的破坏。在自驾旅游开发中，应注重保护当地的文化，实现川藏公路沿线区域经济发展与文化保护双赢。

（三）关注目的地环境，设立公路段无垃圾示范区

在目的地居民对自驾旅游环境的感知中，大多数民众对“促使村民环保意识增强”“改善交通、卫生等基础设施”“使本地环境质量下降”持赞同的态度。同时，在问卷建议部分，90%的民众建议设立公路段无垃圾示范区。在自驾旅游开发中，政府应注重保护当地的环境，加大当地环境保护的投入力度；设立无垃圾示范区，配置移动式垃圾桶、移动厕所、垃圾清运车，实行网格化管理，对旅游区的民众及旅游者进行适当的引导与教育，为推进当地环境保护提供有力的支撑，实现川藏公路沿线区域经济发展与环境保护双赢。

（四）广泛宣传当地风俗习惯，使旅游者与目的地民众和谐共处

在调查中，51.2%的当地民众在建议部分希望旅游者尊重他们的文化，政府加强群众法制教育。政府及有关部门应注重加强对当地少数民族风俗习惯的研究，同时招募志愿者向全社会宣传当地风俗习惯方面的知识，使更多人了解当地的民族风俗习惯，更好地做到各民族之间的相互尊重，从而减少不必要的误会与伤害，实现整个社会的和谐稳定。

川藏公路自驾旅游供给主体分析

何文俊*

摘　要：由于市场需求的拉动，川藏公路自驾游产品的市场自20世纪90年代至今，经过近30年的发展，已基本形成较为完备的供给主体体系。川藏公路自驾旅游供给主体所具备的服务能力得到提高，除了在国庆黄金周等高峰时段外，常态下川藏公路自驾旅游市场基本上能够达到供求平衡。但是由于建设初期政府管理引导缺位等原因，川藏公路自驾旅游供给主体还存在位置分布不合理、建设不规范、环保要求不达标、管理服务不到位等诸多问题。

关键词：川藏公路　自驾旅游　自驾旅游供给主体

一　引言

川藏公路自驾游市场供给主体，是指以川藏公路途经区域为经营范围，专职或兼职为域内各类进行自驾旅游活动的游客提供全部或部分有价产品或有偿服务，在保证其自驾游活动顺利进行、自驾

*　作者简介：何文俊，四川旅游学院副教授，研究方向为旅游管理、旅游文化。

游体验价值最大化的同时，实现自身经营目标的各类组织和个人。

因支付能力和消费偏好等方面的差异，游客在川藏公路自驾游过程中所产生的需求在内容、结构和水平等方面均有所不同。川藏公路自驾游客的需求体系十分庞杂，不仅有传统的餐饮、住宿等常规性需求，还牵涉基于自驾这一特定的出游方式而产生的汽车营地、服务区等相关需求。与之相适应，川藏公路自驾游的市场供给体系经过近 30 年的培育和发展，也形成了一个庞大的供应链系统，其提供的产品和服务内容不仅涉及传统的吃、住、行、游、购、娱等诸多方面，还包括自驾工具租赁、保养、维护，自驾过程中领航导航服务、危机应对、事故干预处理，营地接待服务、物质资料补给等特别内容。就具体表现形式而言，川藏公路自驾游的市场供给主体既包括自驾途中及目的地的购物店、餐厅、酒店、民宿、娱乐场所等传统的旅游接待企业，也包括自驾游装备销售与租赁企业、车具维修企业、加油加气站、营地等专为自驾游提供产品和服务的专业部门。

据车轮互联科技股份有限公司与途牛旅游网联合发布的《2019 上半年自驾游报告》，以川藏线和新疆南疆线为代表的西部地区，因其独特的自然风光、人文景观和较好的自驾条件，在 2019 年上半年吸引了国内 80% 的长线自驾游客户，川藏线和新疆南疆线成为境内最热门的长线自驾游路线。[①] 以此为据，川藏公路自驾游市场供给主体在整体产品和服务提供能力方面在国内也处于

① 《车轮与途牛联合发布 2019 上半年自驾游报告 西部自驾游川藏线最热门》，中国日报中文网，2019 年 8 月 23 日，http://ex.chinadaily.com.cn/exchange/partners/82/rss/channel/cn/columns/vyuatu/stories/WS5d5f4337a31099ab995db235.html。

较先进的水平。

二　自驾游交通工具租赁及维护企业

（一）自驾游交通工具租赁企业

通常，游客在川藏公路自驾游过程中使用的交通工具按所有权归属可分为自有和租赁两种情况，由于持自有驾乘工具者通常不再需要购买或者租赁交通工具，故不在本报告的讨论范围内。

通过实地考察发现，川藏公路自驾游交通工具租赁企业基本都分布在川藏公路沿线的重要节点城市，如成都、拉萨，以及其间的雅安、康定、昌都、林芝等地，这些城市多是自驾游者集聚之地，是他们开始或者终止自驾游的重要节点。自驾游者需要在上述节点城市完成租车或是还车业务，因此这些节点城市也是川藏公路自驾游交通工具租赁企业的重要布局之地。其中特别需要提出的是，鉴于川藏公路自东向西海拔高度整体逐渐上升以及拉萨旅游接待条件整体不如成都发达等实际情况，实践中川藏公路自驾游者几乎都会选择成都作为其自驾游的起点城市，因此成都占据了川藏自驾游交通工具租赁市场相对较大的份额，汇聚了众多的川藏自驾游交通工具租赁企业，业内影响较大的既有“高华租车”、“爱客纯玩”、“西行川藏”及“时运通租车”等本土租车企业，也有“携程”、“驴妈妈”以及“途牛”等知名在线旅游企业在成都设立的服务点（基地），提供交通工具租赁服务。

受川藏公路所在地区特殊的地质地貌和道路通达性、自然环境条件等因素的影响，自驾游者选择的交通工具限制性较大，通常以小型机动车、自行车、摩托车等为主，自行车和摩托车基本上为游客自有。川藏公路自驾游交通工具租赁企业主要提供小型机动车的租赁服务，一般以房车、越野车、SUV 和商务车等通过性和道路适应性较好的车型为主，辅以通过性较好的面包车，偶有车况较好的中小型客车，其他车型较为少见。

就经营方式而言，川藏公路自驾游交通工具租赁企业向游客提供的租赁业务大致可分为两种类型：一种是单纯向游客出租各类自驾工具，由游客自主驾驶；另一种是向游客租赁交通工具并配备操作人员。此种情况下，操作人员除了为游客提供基础的驾驶服务外，还兼为游客提供简单的讲解、行程安排、出行咨询建议等服务项目，事实上形成综合的一揽子服务。就目前情况来看，选择第二种业务形式的游客占多数。

此外，在大的川藏公路自驾游集散地，还存在一个特殊的从事川藏公路自驾游交通工具租赁服务的群体，他们类似于个体户，集聚在城市的某一特定区域，以自有交通工具为载体，通过互联网、自媒体等多种途径开展业务，为来自不同客源地的自驾游者提供驾乘及相关服务，其成团形式类似散客拼团或小包团，在线路选择、出游时间、消费内容等方面具有明显的定制游特征。如在成都，这个特殊群体主要分布在武侯祠一带，车主们通常将车直接停放在街边，并在车身显著位置标示其提供自驾服务的线路、出行时间和联系方式等信息，已经在客源市场形成一定影响。这一特殊群体由于在提供服务的过程中具有灵活性强、价格较为低廉等优势而获得部分自驾游客的青睐，但他们往往并非从属于依法设立的法人企业，经营活动并无法律依据，急需政府以恰当的方式予以规范。

（二）自驾游交通工具维护企业

川藏公路自驾游交通工具维护企业是指为在川藏公路所经区域进行自驾游的游客提供交通工具维修护理服务的组织或个人，具体表现为沿川藏公路分布的各修车厂、修车站、修车点。

因川藏公路所处的独特自然地理环境和路况，游客在自驾游的过程中所驾乘的交通工具出现故障的概率远高于其他地区，如不能得到及时有效的维修和护理，轻则耽误行程，重则可能导致危机出现甚至对自驾游者的人身造成伤害，对财产造成损失，自驾游交通工具维护企业的重要性由此得以体现。

与自驾游交通工具租赁企业不同的是，自驾游交通工具维护企业的服务对象不仅包括全体川藏公路自驾游者，也包括本地民众。他们在川藏公路沿线均有分布，其中大的修车厂多分布于沿线的节点城市，其交通工具维护能力较强，中小型的修车站点则分布于沿线的集镇、自驾游服务区或营地等，通常处理常见的爆胎等小型故障。在条件较为艰苦的高海拔地区，自驾游交通工具出现故障的概率也更高，但是这类地区的自驾游交通工具维护企业分布相对较少，自驾游者有效降低驾驶风险的能力下降。

三　自驾游辅助物资和设备经营企业

承前所述，川藏公路自驾游辅助物资和设备经营企业包括了除经营自驾游交通工具租赁和维护服务之外的所有为川藏公路自驾游客提供辅助物资和设备的经营实体，其经营内容涵盖了游客在川藏公路自驾游期间除交通工具外其他各方面的物质需求。

与自驾工具经营企业的分布情况类似，川藏公路自驾游辅助物资和设备经营企业主要分布于成都、拉萨、雅安、康定、昌都等川藏公路沿线的重要节点城市；不同的是，此类经营实体在沿线的大大小小自驾游接待站点都有设置，就其分布数量和各经营实体的规模来看，川藏线东段整体强于西段，这可能和东段的自驾游市场规模大于西段有关。此外，由于近年来电商在规模和数量上的迅猛发展，经营自驾游辅助物资和设备的在线企业增长也较快。

由于自驾游者对辅助物资和设备的需求项目较多，且较为琐碎，经营单项实物产品很难实现盈利目标，因此实践中川藏公路自驾游辅助物资和设备经营企业的经营内容多具有综合性特征，同时销售满足自驾游者多方面需求的实物商品，为自驾游者提供各种物资和设备。

四　非中介型自驾游服务企业

川藏公路自驾游服务企业是指为在川藏公路进行自驾旅游的游客提供组织和接待服务，确保其自驾旅游活动能够顺利展开、旅游体验价值实现最大化的各类企业的集合。

依据在为游客提供相关产品和服务的过程中，自驾游服务企业所凭借的设施设备的所有权归属关系的差异，可将川藏公路自驾游服务企业划分为非中介型自驾游服务企业和中介型自驾游服务企业两大类。

在川藏公路自驾游发展中，非中介型自驾游服务企业通常凭借其拥有的设施设备和其他物质条件，独立并直接向自驾游客提供单项或多项旅游接待服务，由于其在提供服务过程中拥有硬件设施的绝对支配和使用权，这类企业在开展业务的过程中服务能力较为稳定，受其他企业干扰较少，因而一般比较重视品牌建设，服务质量也较为稳定。

实践中，非中介型自驾游服务企业除了包括为游客提供餐饮、住宿、购物、娱乐、保险、游览等传统服务的旅游接待部门，还包括为自驾游客提供营地和驾乘等专业服务的接待部门。

由于非中介型自驾游服务企业通常直接向游客提供面对面旅游接待服务，因此它们基本分布于川藏公路沿线各接待站、点，其规模与所在的接待站、点的规模呈正相关，各经营实体依据自身实力和经营目标向自驾游客提供单项或多项服务。

本报告在此重点介绍川藏公路自驾游营地服务企业。

为了满足川藏线自驾游发展的实际需要，沿途的营利性自驾游营地较早出现，在早期较长的一段时期内，这样的自驾游营地发展其实较为缓慢，服务内容简单、服务质量缺乏统一标准，稳定性较差、管理也较为粗放。但是进入 21 世纪，特别是进入经济新常态时期以来，在大力发展全域旅游的时代背景下，为顺应国内旅游强势发展、游客出游动机更加多元化发展等实际情况的需要，国家旅游局等六部委于 2016 年 9 月联合下发了《关于加快推进 2016 年自驾车房车露营地建设的通知》，随后又于 2016 年 11 月联合 11 部委印发了《关于促进自驾车旅居车旅游发展的若干意见》。自此，国内各旅游热点地区、热点旅游线路的自驾游营地发展建设进入快车道，川藏线自驾游营地也在此后有了较大发展。

迄今为止已建成并投入运营的川藏线自驾游营地主要分布在G318沿线，G219沿线有少量分布，其他线路罕有自驾游营地。就区段而言，四川段分布较多，西藏段相对稀疏；就点位而言，川藏公路自驾游营地多分布于交通沿线、风景名胜区、区域人口密集且环境独特之处，如沿G318分布的自驾游营地最多、最密，在新都桥、雅江、巴塘、理塘等地都已分布有“318汽车自驾游营地”，在折多山已建有“折多塘自驾游营地”，在巴塘和理塘交界处已建成“理塘蓝逸营地”。而在西藏段，已建成投产的营地只有“然乌国际自驾游营地”“嘎朗国家湿地公园营地”“林芝华侨城南山国际汽车营地”等少数几处。

尽管川藏公路自驾游营地在近些年有了较大发展，但其发展建设总体还处于初期阶段，这主要体现在各自驾游营地在投资主体、规模、经营业态、服务内容以及管理模式等方面存在巨大差异，所提供的接待服务质量整体有待提高。

在经营管理过程中，传统的酒店式经营模式在川藏公路自驾游营地运营中体现得较为明显，其与成熟的西方模式有着较大的差异。在市场目标群体的确定过程中，大多数川藏公路自驾游营地不仅将过往的自驾游者和普通游客作为其服务的目标群体，而且将本地民众也纳入其服务对象范围；在服务过程中，营地倾向于为游客和本地居民提供诸如餐饮、娱乐等产品和服务，专门针对自驾游者的旅居需求开发设计的产品和服务在其供给体系中所占比例并不高，这导致自驾游者以车辆为基础的需求满足度和满意度不高；在营收方面，本地消费者贡献率在部分营地达到一半，有的甚至更多。导致这种局面形成的原因主要还是单纯的自驾游市场规模不够大，难以支撑营地的运营，或是营地本身在运营中将市场多元化确定为其发展战略。相对而言，川藏公路沿线的自驾游营地多具有酒店甚至是传统的农家乐特征。

五　中介型自驾游服务企业

中介型自驾游服务企业主要为游客提供信息咨询、产品设计、线路安排、保险销售等中介服务。由于中介型自驾游服务企业没有或仅部分拥有生产资料的所有权，其经营活动需要与非中介型自驾游服务企业合作，共同为自驾游者提供旅游接待服务，因此这类企业在开展业务的过程中服务能力受与其合作的中介或非中介型旅游服务企业的影响较大，在成本控制、质量管理、危机应对等方面比较被动。

实践中，川藏公路自驾游中介型自驾游服务企业主要是经营此条线路自驾游的各类旅行社，或以协会、俱乐部、户外公司等各种形式存在的经营实体。由于经营川藏公路自驾游中介服务的门槛较低，此类企业间的竞争形式目前主要体现为价格战，企业总体利润率较低。加上随着近些年智慧旅游、人工智能等新技术的发展，自驾游者和非中介型旅游服务企业间进行直接交易的障碍越来越少，交易成本越来越低，效率越来越高，川藏公路自驾游中介型服务企业的生存空间正被不断压缩。此外，由于川藏公路特殊的地理环境，自驾游出现危机事件的概率大大高于其他地区，中介型自驾游服务企业在经营活动中要承担更多的风险，导致其经营成本可能大幅增加，从而出现入不敷出的经营亏损局面，其在选择经营川藏公路自驾游业务时多比较保守。因此，整体而言，经营川藏公路自驾游的中介型服务企业的数量并不多。

六 结语

经过近30年的发展，由于市场需求的拉动，川藏公路自驾游产品的市场形成了多元化供给主体并存的格局，已基本能够满足川藏公路自驾游市场的需求。但是在发展中也还存在诸多问题，如各服务点位的布局不够合理，在偏远、艰苦的地方服务还不到位，各服务企业的服务水平参差不齐，缺乏相关的行业标准，没有较好地实现和国际标准接轨，部分点位环保不达标等，这些问题还需要在后期的建设和发展中逐步加以完善。

自驾旅游助推川藏区域脱贫的实证研究

——以浮云牧场开创高半山旅游扶贫模式为例*

王　炼　杨　杰**

摘　要： 文章以阿坝州理县浮云牧场为例，通过实证研究，分析浮云牧场的创立背景、高半山旅游扶贫的模式，从中探析自驾旅游对当地基础设施改善、就业岗位增加、旅游影响力提升、政策支持等方面的影响，认为自驾旅游是川藏区域脱贫的重要载体，具体体现在其有助于"精准扶贫"政策的深入实施、基础设施及配套服务设施建设的改善、当地旅游影响力的提升及当地就业岗位的增加等。

关键词： 自驾旅游　旅游扶贫　浮云牧场

2019年12月全国扶贫工作会议指出，2019年减少贫困人口1000万人以上，约340个贫困县脱贫摘帽，易地扶贫搬迁建设任务基本完成，深度贫困地区脱贫攻坚取得重大进展。"三区三州"建档立卡贫困人口由2018年的172万减少到2019年底的43万，

---

* 基金项目：四川旅游学院资助项目"自驾游产业对川藏区域脱贫影响研究——以甘孜州为例"（项目编号：19SCTUSY21）。

** 作者简介：王炼，四川旅游学院讲师，主要研究方向为会展旅游；杨杰，四川旅游学院副教授，研究方向为旅游人类学、民族地区旅游开发。

贫困发生率由8.2%下降到2%，“两不愁三保障”突出问题基本解决。[①] 2020年四川省人民政府工作报告指出，2019年四川省投入1500多亿元，实施了19个扶贫专项，50万人实现脱贫，31个县摘帽验收，藏区贫困县全部脱帽。[②] 2020年西藏自治区人民政府工作报告指出，2019年西藏自治区19个贫困县（区）摘帽，15万建档立卡贫困人口脱贫。[③] 川藏区域脱贫攻坚工作取得重大成就。

2019年10月17日是国际消除贫困日和中国扶贫日，世界旅游联盟刘士军秘书长在第十三届联合国世界旅游组织/亚太旅游协会旅游趋势与展望国际论坛上做了题为“旅游减贫和可持续发展”的主题演讲，指出旅游业已成为推动贫困地区经济社会可持续发展的重要力量，并结合中国旅游减贫相关案例，从国家、地区、经济、文化和社会五大层面深入剖析了旅游业对于减贫事业的重要性，向国际旅游业界阐释了“绿水青山就是金山银山”的中国旅游减贫理念。[④]《四川省“十三五”旅游业发展规划》指出：把旅游扶贫作为四川省脱贫攻坚的主力军，以秦巴山区、乌蒙山区、大小凉山彝区、高原藏区四大片区为重点，因地制宜，采取“打造景区带动型、发展乡村旅游型、开发旅游商品型”三种旅游扶贫模式，将1443个旅游扶贫重点村打造成特色旅游景区或产品，通

---

① 《全国扶贫开发工作会议在京召开 确定2020年脱贫攻坚任务》，人民网，http://rmfp.people.com.cn/n1/2019/1221/c406725-31516853.html。

② 《一图读懂：2020年四川省政府工作报告》，四川省人民政府官网，http://www.sc.gov.cn/10462/12771/2020/5/10/066201e159494bfa8ba70dbe61ff0deb.shtml。

③ 《2020年西藏自治区政府工作报告》，西藏自治区人民政府官网，http://www.xizang.gov.cn/zwgk/xxfb/zfgzbg/202003/t20200302_133323.html。

④ 刘士军：《旅游减贫与可持续发展》，世界旅游联盟官方微信公众号，https://mp.weixin.qq.com/s/4lXgc_w_1Epl2CHWj7W2TA。

过劳务收入、资源入股、土地入股、门票分红、扶贫资金入股等方式，为贫困人口创业、就业、增收提供平台，积极探索实践旅游扶贫的新模式、新途径、新政策，把旅游产业培育成为增收脱贫的富民产业。到“十三五”末，全省通过发展旅游惠及贫困人口占全省脱贫任务的20%。2018年，理县1170户贫困户4259人实现了“两不愁三保障”，31个贫困村达到“一低五有”退出标准，县摘帽“一低三有”各项指标全部达标，贫困发生率由2014年的12.6%降至目前的0.26%，顺利摘掉贫困县帽子。脱贫攻坚战中，理县着力依托桃坪羌寨、米亚罗、毕棚沟等旅游景区助推脱贫攻坚。近年来，西山村浮云牧场爆红网络，成为网红打卡地，浮云牧场跟旅游扶贫有何关系呢？

一　浮云牧场产生背景

浮云牧场是在国家乡村振兴和精准扶贫背景下，在阿坝州理县利用西山村海拔2600米以上部分荒坡荒地和闲置土地，种植观赏植物、生态林木，养殖牛羊鸡兔，通过景观改造和酒店业态植入而开展的精准扶贫项目。浮云牧场依靠当地得天独厚的自然风景，通过建设无边际游泳池、悬崖秋千等配套设施，在抖音上进行创意营销和推广，受到市场广泛关注，浮云牧场民宿酒店成为旅游目的地，并带动当地羌族居民参与到旅游经营之中，从事牧家乐经营、交通运营和旅游向导等工作。据宗平对抖音上有关浮云牧场视频的统计，截至2018年4月，以“抖音”加“浮云牧场”为关键词在百度进行搜索，一共搜索到8520个结果，内容来自搜狐、百度百家号、途家、网易、微博、马蜂窝、小红书、腾讯、新浪等国内旅游信息平台，成为网友热议的话题。网友还根据抖音视频的信息，为浮云牧场贴上“天空之城”“仙境”等标签。[①]

二　浮云牧场自驾旅游扶贫模式分析

浮云牧场由于地处高半山，上山道路由著名的39道拐组成，且道路狭窄，因此，目前前往浮云牧场的游客绝大多数为自驾游客，浮云牧场扶贫工作也大多由自驾旅游带动。

1. 依托精准扶贫政策，积极利用政府资源

浮云牧场创始人杨天林是土生土长的本地羌族人，作为理县政协委员，他积极参与精准扶贫工作，帮助村民脱贫致富。浮云牧场通过提供就业岗位，解决52名村民务工问题，直接带动8户贫困户年均增收3万余元；通过与西山村26户贫困户签订农副土特产品收购协议，带动户均增收1万余元；以浮云牧场品牌为依托，引导西山村30余户农户采取临时接待的方式，实现户均增收6000元左右。在阿坝州“党委总揽、政府主导、人行推动、部门联动、金融机构参与”金融扶贫机制下，由理县县委、县政府引入产业带动项目，理县农信社为浮云牧场发放贷款600万元。接受笔者访谈的黄幺妹客栈老板黄秀英谈到浮云牧场项目，心中满是感激，2020年，受新冠肺炎疫情影响，客栈生意下滑严重，2020年还贷款的期限将近，但她充满信心。目前西山村已全部脱贫。

① 宗平：《基于抖音社交平台下的乡村民宿创意营销研究》，《经济研究导刊》2019年第4期。

2. 把握旅游趋势，对接痛点需求

随着我国人均 GDP 的增长、汽车普及率的提高以及川藏路网密度的加大，在移动互联网快速渗透下川藏自驾游已成为大众最重要的出游方式。自驾游本身并不是一个独立的产业，而是因其自驾游的位移特点形成了一个跨地域、跨行业的生态圈。川藏自驾游将构建起基于“人+车+互联网+旅游要素”的复合型生态产业链。消费升级带动旅游产业快速发展，游客不再满足于传统观光旅游，而是更加追求个性化体验和旅游经历的获取。近年来，成都周边游异常火爆，旅游方式已由观光旅游向休闲旅游过渡，游客更乐于选择自驾游这种自主性强、个性化程度高以及时间较为弹性的出游方式。随着川藏公路特别是川藏高速公路如汶马高速等通车，成都市民出游范围由 1 小时旅游圈向 3 小时、6 小时旅游圈转变。浮云牧场作为一个离成都 3 小时车程，拥有雪山、草甸、云海等自然资源，紧邻 G317 的旅游目的地，在新媒体平台的助推下，打开了成都大都市圈休闲旅游的巨大市场。

3. 做精民宿产品，做强二次消费产品

起初浮云牧场只有一家浮云精品网红民宿，以集装箱及帐篷住宿为主要特色，由于接待量有限，之后有 8 家当地村民自办的农家乐客栈加入，黄幺妹客栈便是其中之一。2020 年 5 月笔者在对黄幺妹客栈老板黄秀英的访谈中了解到，黄幺妹客栈进行了一定程度的装修升级，民宿客栈住宿质量不断提升，同时客栈引入篝火晚会等项目，并提供特色农家乐餐饮服务。浮云牧场还有鸡蛋、土豆、香肠、腊肉、核桃等土特农产品，村民们就在道路摊位摆点售卖，每天的游客基本上都能将产品一扫而空。

三 浮云牧场案例给自驾旅游助推扶贫工作的启示

1. 自驾旅游是川藏区域扶贫的重要载体

G317、G318因其沿线丰富的自然资源而被称为“中国最美景观大道”，但由于交通闭塞、社会经济发展程度较差，对大量资源丰富但交通偏远闭塞的贫困县、乡，旅行社几乎不会开辟专线，因此自驾旅游成为这些地区主要的旅游交通进入方式。2016年9月国家旅游局等六部委印发《关于加快推进2016年自驾车房车营地建设的通知》，2016年11月国家旅游局等11部委联合印发《关于促进自驾车旅居车旅游发展的若干意见》，这些政策的相继出台，对促进自驾旅游产业的发展具有极其重要的意义。根据2016年四川旅游局公布的数据，自驾旅游占到了该省60%以上的旅游市场份额。随着自驾出游人群快速增长，其对自驾旅游相关服务的需求也快速增长，倒逼当地交通服务机构、旅游服务机构、景区、目的地休闲企业不断探索经营模式，改善基础设施。据国务院扶贫办统计，2011年以来，中国通过乡村旅游带动了10%以上的贫困人口脱贫，旅游脱贫人数在1000万以上。2017年，中国休闲农业和乡村旅游共接待游客超过28亿人次，收入超过7400亿元，从业人员900万人，带动700万户农民受益。[①] 自驾旅游有望成长为G317、G318沿线区域脱贫致富的重要载体。

---

① 《旅游减贫 中国在行动》，搜狐网，https://m.sohu.com/a/253328710_275039。

2. 自驾旅游产业有助于“精准扶贫”政策的深入实施

自驾旅游产业助推扶贫，更加聚焦于旅游资源丰富的地区，随着自驾游客的大量涌入，许多待开发旅游资源进入大众视野，针对“旅游扶贫对象目标不明”“扶贫项目可行性不足”等问题，2018年政府发布10条跨越“三区三州”深度贫困地区的“西部行”自驾旅游精品线路，将更加聚焦自驾旅游产业对“精准扶贫”的实施，有助于进一步提高旅游扶贫的效果。

3. 自驾旅游产业有助于基础设施及配套服务设施建设

2016年9月22日，国家旅游局、公安部、交通运输部、国土资源部、住房城乡建设部、国家工商总局六部委印发《关于加快推进2016年自驾车房车营地建设的通知》，特别指出各地交通、住建、旅游等相关部门和营地投资开发单位，按照道路属性和事权，加强营地与相邻交通干道及重要景区的连接道路建设，完善旅游交通标识；同时多地政府将工作重点放在自驾旅游路线的公共设施建设上，对道路、路标、停靠站、通信设施等进行完善和升级，以提升游客自驾旅行的便捷度和舒适感，通过旅游品质提升，带动自驾旅游市场消费。目前，川藏线除了G317、G318两条国道在修建高速公路以外，旅游景区之间环线的基础设施建设也日趋完善。2020年五一假期刚过，为提高浮云牧场道路的通畅性，改善道路基础设施，G317国道到浮云牧场道路封闭施工一个月。

4. 自驾旅游产业发展有助于当地争取政府政策的支持

随着自驾旅游群体的不断壮大，国家政策对于自驾旅游的扶持力度不断加大，2016年11月7日，国家旅游局、公安部、交通运输部等11部委联合发布《关于促进自驾车旅居车旅游发展的若干意见》，为自驾车旅居车旅游发展指明方向。2016 年 12 月 5 日，国家发展改革委、国家旅游局联合发布《关于实施旅游休闲重大工程的通知》。通知提出，完善提升观光旅游景区、乡村旅游景区，引导布局国家级、省级旅游度假区及自驾车房车露营基地、国际特色旅游目的地和低空旅游示范区。明确了推动完善自驾车房车露营基地作为旅游业产品开发的重要任务，继续为房车露营地的建设发力。另外《关于支持旅游业发展用地政策的意见》《关于大力发展装配式建筑的指导意见》《关于实施绿色公路建设的指导意见》《关于规范旅居挂车上路通行管理工作的通知》等涉及用地、营地建设、交通建设、旅居车上路等的相关文件相继出台。2018 年，国家旅游局、国务院扶贫办公布中国“西部行”自驾旅游精品线路，带动更多贫困地区和贫困人口通过参与旅游、发展旅游来促进脱贫。

5. 自驾旅游产业有助于提升当地旅游影响力

随着自驾旅游的兴起，一部分的游客喜欢到自然、人文资源丰富且知名度较低的贫困地区进行自驾旅游深度游，加上互联网社会新媒体传播效应的影响，特别是抖音、快手等平台给浮云牧场带来的网红效应，许多地区尽管基础设施相对落后，但仍具有很强的吸引力。另外，由于当地政府对自驾旅游越来越重视，旅游部门经常邀请产学研相关专家学者来现场考察，策划相关旅游主题活动，邀请媒体进行专题报道，形成轰动效应，使当地旅游影响力显著提升。

6. 自驾旅游产业有助于当地就业岗位的增加

随着自驾旅游客大量进入，旅游资源进一步得到开发，基础设施建设、配套服务设施建设等增加了面向当地居民的岗位。同时，景区设施的不断完善，使当地居民可以选择在景区工作或是在政府支持下发展民宿等产业，更有部分当地居民可直接在景区进行农业产品的售卖。比如尽管浮云牧场道路条件不好，但依托于该景区的开发，一部分村民可以去浮云牧场打工，沿途村民可以在家中将农特产品售卖一空，不用再每天背着农特产品到附近的桃坪羌寨等景区进行售卖。

川藏公路自驾游基础设施和服务建设情况分析报告

何文俊*

摘　要： 经过近 30 年的建设发展，在川藏公路自驾游基础设施和服务方面，不论是道路交通、自驾游服务区、自驾游营地、观景平台，还是旅游厕所、医疗保障、自驾游信息化建设以及应急救援系统等均已达到一定水平，基本上能够满足常态下川藏公路自驾游的需要。但是川藏公路自驾游基础设施和服务的建设还存在问题，如东西段建设发展不平衡、部分早期建设项目规划不合理、部分设施维护不到位、生态环境破坏等，诸如此类的问题需要在后期的开发建设中得到切实解决，以使川藏公路自驾游的发展进入良好状态。

关键词： 川藏公路　自驾游　自驾游基础设施和服务

川藏公路自驾游基础设施和服务是指为在该区域从事自驾游的游客提供的具有消费或使用上的非竞争性和受益上的非排他性的产品和服务，如通行的道路、加油站、停车休息区等。这些产品和服

*　作者简介：何文俊，四川旅游学院副教授，研究方向为旅游管理、旅游文化。

务一般由目的地政府或是社会团体提供，该路段的自驾游者均能自由公平地使用。从理论上讲，一部分自驾游者对此类基础设施和服务的使用不会影响另一部分自驾游者对它的消费和使用，具有非竞争性；某些人对这些设施和服务的利用，不会排斥另一些人对它的利用，具有非排他性。但是在实践中，在特定时空范围内这些设施和服务常常会受旅游旺季影响而出现供不应求的局面，因而会导致一部分人的使用影响到另一些人在该区域对该类设施和服务的使用，从而在特定时空范围内出现排他性特征。

具体而言，川藏公路自驾游基础设施和服务包括道路交通、服务区、营地、观景平台、旅游厕所、医疗保障、自驾游信息化建设及自驾游应急救援系统等诸多方面。

一　道路交通

良好的道路交通条件是川藏公路自驾游地理可进入性的先决条件。当我们在讨论道路交通时，其空间应该是以川藏公路为轴线，包括南北延伸至一定距离内的旅游景点景区的范围，因为事实上可以把川藏公路看作一个巨大的廊道形景区。换言之，道路交通服务不仅涉及川藏公路本身的交通服务状况，而且涉及沿线南北一定距离内各景点景区之间以及景点景区内部的道路交通状况，只有同时满足这三方面的条件，才能实现通常所说的不仅要让自驾游者能够“进得来”，还要实现“散得开”，能够在川藏公路及沿线一定范围内的景点景区内部及彼此之间实现无障碍空间转移。

由于川藏公路绝大部分位于青藏高原，特殊的地理位置和地质条件及典型的气候气象特征共同决定了其道路交通条件呈现出明显的整体特征：冬季极寒的气候条件决定了道路通行条件明显较其他季节差，洪水、干旱等极端天气导致泥石流、塌方等地质灾害及次生灾害发生，进而降低道路通行条件，道路中断等危机事件的出现频率明显高于其他地区。

就目前情况而言，川藏公路本身通行条件较好，除国庆黄金周等高峰时段外，基本能够满足自驾游客通行需要。连接川藏公路沿线南北相当范围内营利性景点景区的道路状况以及此类景点景区内部道路交通条件，整体优于连接川藏公路沿线南北相应范围内非营利性景点景区的道路状况以及此类景点景区内部道路交通条件。

二　自驾游服务区

在川藏公路自驾游发展中，服务区的功能主要体现为：为避免游客在长时间或长距离驾驶后疲劳过度，确保自驾游安全而为游客提供特定的休憩空间。部分自驾游服务区同时也兼具为自驾游客提供洗车、加油、餐饮、物资补给甚至休闲娱乐活动等综合性功能。

自驾游服务区通常位于川藏公路和通往该路段两侧旅游景点景区道路两侧的开阔地带。通过实地考察发现，专门的自驾游服务区的分布数量其实比较少，因为沿线的城市、村镇在实践中为川藏公路自驾游承担了服务区的功能，只有在某些自然条件艰苦甚至人迹罕至的特殊路段，才有专门的自驾游服务区存在，这样的服务区功能通常比较单一，相关配套设施和服务较少，大多仅仅为游客提供休憩空间，助其缓解疲劳，以便继续其自驾游活动。

三　自驾游营地

作为基础设施之一的川藏公路自驾游营地，是指由政府或其他非营利组织建设和运作，为自驾游客提供停留、过夜等非营利性服务内容的公共空间。

和前述自驾游服务区类似，自驾游营地通常位于川藏公路和通往该路段两侧各旅游景点景区道路两侧的开阔地带，二者有一定的重合度。由于沿线城市、村镇所能提供的公共服务事实上在很大程度上能够满足自驾游者的营地服务需求，而且条件较好的区段多数已被营利性自驾游营地企业捷足先登，作为一种补充性的存在，专门的非营利性自驾游营地分布数量其实比较少，只有在某些自然条件艰苦、传统的村落或城镇缺乏或没有营利性营地存在的特殊区段，才有非营利性的自驾游营地，少量的非营利性自驾游营地与自驾游服务区发生重合时，其功能也具有综合性特征。

作为非营利性的川藏公路自驾游营地，其分布特征除上述主要位于条件较为艰苦、较为偏僻的区段外，川藏公路西段整体分布数量大于东段，主要沿 G318 国道分布。从服务内容方面考察，此类营地通常主要为自驾游客提供泊车、露营的空间平台，并不提供水源或是电源，服务内容简单，形式单一。从运营维护方面看，此类营地因仅仅提供最简单的服务，且是非营利性质，所以管理维护一般很难到位。运营中常会出现两方面的问题：一是在游客高峰时段可能会出现营地拥挤不堪的状况，进而引发更多问题；二是游客留在营地的垃圾和排泄物等得不到及时有效处理而导致生态环境恶化。据此，建议政府在未来川藏公路自驾游发展中一方面加大相关投资，进一步促进非营利性川藏公路自驾游营地的硬件建设，另一方面要设法建立长效机制，针对川藏公路沿线独特的自然地理和人文环境条件，形成完善可行的管理维护机制，确保营地的运行和管理维护及时到位，在更好满足自驾游者的营地需求服务的同时，把对环境的负面影响降到最低。

四　观景平台

观景平台是沿川藏公路和通往该路段两侧各旅游景点景区道路两侧、视野开阔且景观质量较好的点位修建的开放性平台，主要供自驾游者停车观赏沿途风景之用。

川藏公路沿途的观景平台建设出现于20世纪90年代川藏公路自驾游出现时，发展至今，在沿途恰当的点位基本上都建有观景平台，以满足自驾游者观赏沿途景观之需。但是受修建时代差异以及空间条件等因素的影响，这些观景平台质量参差不齐，甚至还有某些隐患存在。主要表现为：观景台和道路之间没有修建隔离设施，容易诱发交通事故；停车点和观景平台位于道路两侧，游客在穿越公路时有潜在危险；较多的观景平台缺乏引导标志或者标志不明显，易造成自驾游者在行车过程中突遇观景台而紧急停车，导致追尾事故发生；部分观景台为沿途百姓私建私营，收费不合理；凡此等等，不一而足。

五　旅游厕所

依据新版国家标准《旅游厕所质量等级的划分与评定》（GB/T 18973-2016）的界定，旅游厕所（tourism toilets）是“在旅游者活动场所建设的、主要为旅游者服务的公用厕所”。据此，本报告所述的旅游厕所不仅包括川藏公路沿线两侧自驾游者能够到达的所有景点景区内的公用厕所，还包括川藏公路本身和通往沿线各旅游景点景区道路两侧存在的主要为旅游者提供服务的公用厕所。

综合考察川藏公路沿线以及两侧自驾游者能够到达的景点景区内现有的厕所后发现，该区域内的旅游厕所在建设、管理和使用等方面呈现如下特征。

（一）旅游厕所建设、管理水平和服务质量整体明显提高

得益于“旅游厕所革命”等政策的执行以及域内社会经济和旅游业发展的带动作用等积极因素的影响，川藏公路沿线以及两侧自驾游者能够到达的景点景区内的旅游厕所经过近几年的建设和维护，不仅数量有所增加、面积有所扩大、设施设备不断完善，而且管理水平和服务质量较以往有了明显的提高和改善，这在一定程度上缓解了川藏公路沿线及各景点景区内游客如厕的难题，改善了游客的如厕体验。

（二）景区景点内厕所整体优于公路沿途厕所

位于川藏公路沿线的开发较为成熟的景点景区内的旅游厕所软

硬件方面，明显优于道路沿途的旅游厕所。尽管各景点景区厕所在软硬件方面还呈现出参差不齐的情况，但整体而言，景点景区内的厕所在点位分布、厕位数量、空间规模以及排泄物的处理等方面通常更为合理，针对游客高峰时段的游客如厕应急措施也更为完善；厕所的建筑风格与其所处的自然和人文环境更加协调；标识标牌等引导系统更为完善；厕所管理和服务基本上能实现及时到位，满足游客需要。

比较而言，川藏公路沿途厕所的情况要差很多，主要体现在以下几个方面：一是沿途专门的旅游厕所数量极少，不能满足游客需要（沿途厕所大多仅仅分布于各服务区、自驾游营地，很少有独立的旅游厕所）；二是沿途所有的旅游厕所管理维护工作难以得到保障，如厕所卫生不达标、排泄物处理不当、臭味严重及缺水等，不仅给游客带来糟糕的如厕体验，而且对环境破坏较为严重；三是川藏公路沿途当地村民自建的旱厕，收费、无水，不少厕所冬天无人值守，脏乱差（部分厕所简直难以下足，如高尔寺庙、稻城海子山观景台附近的厕所）；四是部分厕所存在安全隐患（尤其是蹲坑式厕所，多数连厕位间的隔板都没有，如雅江县俄洛村旅游厕所，男女厕所之间隔墙仅 1.7 米高）。在后续工作中，一方面需要加大投入，进一步增加沿途旅游厕所的数量；另一方面需要采取切实措施提高现有旅游厕所的服务质量。

（三）旅游发展较好地区的旅游厕所状况相对较好

受市场需求拉动等积极因素的影响，旅游景观密度高、吸引力强、可进入性较好的川藏公路沿线地区，通常具有较好的旅游业发展条件，旅游接待业务最先发展起来。在获取更多经济收入，促进本地区社会生活、生态条件等进一步改善的动机驱使下，旅游发展相对较好的地区会进一步改善其旅游接待条件，域内旅游厕所的建设和管理是其中重要的内容。经过近 30 年的发展，川藏公路沿线旅游发展较好的地区，旅游厕所整体状况较其他地区要好些。

六　医疗保障

医疗是川藏公路自驾游者使用频率相对较低却十分重要的保障性服务。本路段绝大部分位于青藏高原，平均海拔较高，环境条件较艰苦，高反及其他相关病症发病率相对较高，如不能得到及时有效的救治，有可能对游客的健康甚至生命造成重大威胁，因此相关的医疗保障不可或缺。

目前，专门针对川藏公路自驾游者的医疗保障体系还未建立，仅在部分景区存在为应对游客高反等常见病症而设立的氧气站或小型诊所。游客在自驾游过程中出现高反或是其他不适症状，通常是和沿途社区居民共享当地的公共医疗服务，或是中断行程到成都或是其常住地寻求更好的医疗服务。

七　自驾游信息化

在消费升级的大背景下，加大旅游业供给侧改革力度，在更好地满足游客日益多样化和个性化旅游消费需求的同时，确保旅游业健康快速发展已上升为国家战略。川藏公路及沿线区域内智慧旅游建设和全域旅游发展正是旅游业供给侧改革的重大举措，得益于此，川藏公路自驾游的信息化建设已取得较大的进步。

目前，川藏公路沿线以及两侧自驾游者能够到达的景点景区基本上已经实现了网络通信全覆盖，能够满足域内自驾游客定位、导航、通信、信息查询等需要，通信盲区基本已被消除，这不仅为自驾游者带来极大的方便，更为自驾游发展中政府相关部门和其他行业组织应对各类危机和灾害事故缩短反应时间，为组织及时有效的应急救援工作提供了极大方便。在部分建设较快的景点景区，智慧技术甚至已经实现了自助讲解、自助导游等高级功能。

八　应急救援系统

在川藏公路自驾游发展中，应急救援是一项十分重要的公共服务，这主要是因为高原特别的自驾游环境使其安全系数较其他旅游目的地要低。实践中，应急救援工作是较为复杂庞大的系统性工程，涉及道路交通救援、饮食卫生、医疗救治等诸多方面。应急救援工作通常具有突发性、不可预测性等特征，需要相关部门和组织及时高效地予以应对，将可能的损失降到最低限度。鉴于本报告的写作目的和写作结构，本部分仅就道路交通应急救援系统工作展开讨论。

道路交通应急救援工作主要包括道路救援和交通事故救援两方面内容。道路救援是指因川藏公路及其通往沿线各景点景区的道路系统道路本身质量问题，或是暴发塌方、泥石流、洪水等自然灾害出现通行受阻，甚至道路中断，而进行的相关救援工作。此类事故如得不到及时处理，有可能导致交通事故发生，并伴随重大损失。由于川藏公路及其通往沿线各景点景区的道路所处的自然环境比较特殊，道路事故的发生概率相对较高，对相关的救援工作的反应时间和效率要求较高。事实上自川藏公路建成通车后，道路救援系统的建设就一直没有停止过。迄今为止，川藏公路主干路的道路救援工作基本上能够满足实际需要，但部分通往沿途景区道路的相关救援工作还相对滞后。

交通事故救援是指针对自驾游者在川藏公路自驾游的过程中，由自身操作失误、自驾工具出现突发故障或是其他原因导致的各类人身伤亡或是财产损失的意外事件所进行的救援工作。由于高原的驾驶环境比较特殊，发生在这一区域内的交通事故具有发生概率更高、破坏性更强等特征。同上述道路事故一样，交通事故需要及时高效地予以应对，方能避免损失或是将损失降到最低。

同医疗保障体系建设一样，目前还没有建成专门针对川藏公路的独立的自驾游道路交通应急救援体系，相关的工作主要还是由目的地政府的交通局、养路段、医院等部门和机构承担。由于属地化管理和行政上互不相属等原因，川藏公路至今还没有建立统一的应急救援系统，在一定程度上降低了救援工作的速度和效率，在未来的发展建设中，需要依靠全域旅游发展的大背景，统筹相关资源，建立覆盖全域的应急救援系统。

九　小结

得益于近30年的持续不断的发展建设，川藏公路自驾游基础设施和服务体系建设逐渐完善，经历了一个较快的发展过程，尤其是经济进入新常态以来，建设速度加快。如今，川藏公路自驾游基础设施和服务已基本上能满足自驾游的需求，但其在发展中还呈现诸多问题，如东西向发展不平衡，部分服务站点管理脏乱差，专门为自驾游者提供服务的设施设备因本地居民共享度太高以致彼此影响、降低使用效率等，这些问题都需要在后续的建设中逐步加以解决，以更好地为目的地居民和自驾游者提供服务。

完善川藏线自驾旅游人才培养机制激发川藏线自驾旅游的活力

肖　梅*

摘　要： 川藏公路自驾游经过近30年的孕育发展，至今已形成较大的规模，自驾游产业雏形已经初现，但目前在川藏地区旅游产业服务方面或多或少还存在一些问题，并影响和制约了该产业的发展。为保证川藏自驾游客的旅游体验感，本文从自驾旅游人才建设方面重点讨论了目前川藏线上车具维护人才、导游人才、旅游接待服务人才和汽车营地人才的现状，提出了川藏线自驾旅游人才培养规划方案，如增加人才总量供给、调整川藏地区旅游企业部门结构编制、控制人才流失率、完善培训系统等，以便为川藏地区旅游产业从业人员合理配备提供参考，促进川藏线自驾游产业的健康发展。

关键词： 川藏线　自驾旅游　旅游人才

*　作者简介：肖梅，四川旅游学院讲师，主要研究方向为模糊数学。

一　川藏线自驾旅游人才建设现状

近年来，社会经济的迅速发展、道路条件的改善、家庭汽车数量的增加都使得越来越多的户外爱好者川藏线体验自驾游的乐趣。2019 年西藏地区累计接待国内外游客 4012.15 万人次，比上年增长 19.1%。其中，接待入境游客 54.19 万人次，增长 13.8%；接待国内游客 3957.96 万人次，增长 19.2%。实现旅游总收入 559.28 亿元，增长 14.1%。其中，旅游外汇收入 27907 万美元，增长 12.9%；国内旅游收入 540.44 亿元，增长 14.1%。[①] 藏区旅游指标呈现快速增长趋势，带动了当地旅游、餐饮、交通、住宿行业的蓬勃发展。由于自驾游属于旅游行业和汽车服务行业的交叉领域，加之川藏线独特的地理位置和相对恶劣的环境，为保证游客有较好的旅游体验，提升自驾游客的安全度和满意度，加速藏区旅游经济的发展，对川藏线上的旅游从业人员的需求就大大增加，标准也逐渐提高。目前川藏线自驾旅游人才建设现状如下所述。

（1）车具维护人才

不管是使用私家车还是租车出游，川藏线自驾游都因出游时间长、环境变化大、气候地形复杂等对车辆的维护和保养要求更高，即司机需要在自驾前对车辆进行一次全面的保养，沿途也需要配备汽车维修供给站。相比过去几年，现在车辆的维修和救援工作已经不是一个难以解决的问题，但是对于沿途的小型汽车修理店来说，

① 《2019 年西藏自治区国民经济和社会发展统计公报》，西藏自治区人民政府官网，http：//www.xizang.gov.cn/zwgk/xxgk_424/zxxxgk/202004/t20200414_137222.html。

目前比较棘手的问题是如何实现淡季盈利与人才的稳定和吸纳。

另外，受道路条件的限制，很多旅游者在自驾旅途中会出现交通工具受损的状况，如爆胎、漏气、缺油、机械故障等。如果随身没有携带相关维修工具，或者附近没有相关维修点，继续行程就会异常困难。如 2015 年 3 月 29 日，折多山米拉山上一辆大货车侧翻，人员受伤，故障却无法处理。①

（2）导游人才

目前川藏线自驾游以各大旅行社与旅游机构推出的拼车游的形式居多，其中会搭配经验丰富的司机与导游或者领队，主要负责路线策划、产品营销、领队服务和活动组织。因此建议对接国家旅游局导游管理体制改革，积极探索导游自由执业制度；贯彻落实《关于进一步加强导游劳动权益保障的指导意见》，健全旅游从业人员薪资、养老和医疗等保障机制，推进导游薪酬制改革；督促旅游企业按规定与员工签订劳动合同，办理社会保险，维护员工合法权益，确保旅游从业人员队伍稳定；加大导游形象正面宣传，营造导游职业的良好环境，为川藏线自驾游发展配置一个良好的导游服务体系。②

（3）旅游接待服务人才

在川藏线上，不管以哪种方式出游，每个游客都要面临吃、住、行、游、购、娱的问题，因此提高旅游接待服务人才的质量是推动川藏地区旅游业发展的一个重要环节。

---

① 陈兴、王方、时攀琳、张雅彬：《移动互联网背景下自驾旅游者行为特征及需求研究——以318 国道川藏线为例》，《西藏大学学报》（社会科学版）2016 年第 1 期。

② 《西藏自治区“十三五”旅游业发展规划》，西藏自治区人民政府官网，http：//xizang.gov.cn/zwgk/xxfb/ghjh_431/201902/t20190223_61964.html。

在旅游旺季，岗位的实际需求大于实际的人才供应，并且受该地区自然环境的影响，许多高校的旅游专业毕业生不愿到该地区就业，造成一些旅游部门或者景区从业人员配置不合理等，从而在一定程度上制约了旅游市场的发展。

以川藏线四川段为例，首先，该区域旅游人力资源不足，难以适应旅游产业的发展。其次，旅游人才资源素质普遍偏低，行业分布不均。目前该区域旅游人才主要集中在旅游宾馆、旅游景区和旅游餐饮行业，而旅游投融资、旅游规划和策划、旅游国际化人才和小语种人才相对匮乏，呈现出人才行业失衡的现象。这些都制约着川藏地区旅游业的发展，当然也制约着川藏线自驾旅游的发展。

（4）汽车营地人才

在川藏线上，汽车营地的数量每年都在增长，但是营地的管理人才远不能适应该行业的快速发展，各个营地都出现了人才缺失的问题。究其原因，从营地的运营角度来说，汽车营地的运营特色化和非标准化差异是非常明显的，但目前我国了解汽车营地行业的人甚少，更别说营地管理专业出身的人才了，营地招聘到一个员工后需要花非常多的时间去对其培养，以保持营地的本土文化特色和非标住宿的调性。而时间成本太高也会增加流失率，可能花两三个月时间培养的人才不到一年就离开了，所以人才和需求本身存在错位。

从求职者的角度来说，川藏线上的汽车营地大多位于风景优美但是地域相对偏远的地方。工作地点的偏远很容易导致社交圈变得很小，最关键的是现在川藏线上大多数汽车营地由个体经营或中小企业经营，受限于营地的体量与组织架构，从业人员很难在其中获得职业发展的空间，实现薪资的增长等。

人才的缺失是制约营地发展的重要因素，川藏线上的汽车营地想要更加规范化、专业化，对人才的培养是一个不容忽视的重要环节。

二　多角度提升川藏线自驾旅游人才素质

旅游行业相关数据表明，旅游产业正处于一个快速发展的阶段，发展潜力巨大，是推动川藏地区经济发展的重要部分。目前旅游行业的人力资源配置存在总量不足、部门结构编制不合理、文化层面参差不齐等问题。要使川藏地区旅游经济更好地带动当地经济发展，就要探讨研究旅游行业目前从业人员需求现状，促进人员合理配置。[①] 为此，结合川藏线自驾游人才现状分析，我们可以从以下角度来对相关人才的素质进行强化。

（1）多渠道增加人才总量供给

首先，通过建立人才库、加大宣传力度、提高待遇、利用国家政策扶持等手段，增加相关人才的供给量，以优化人员配置；其次，鼓励高等院校和科研院所开设相关专业，并进行相关研究，为产业发展提供人才支持和理论支持，为政府制定相关政策提供依据；最后，应该加强旅游高端人才培训，充分发挥国家西部旅游人才培训基地作用，整合教育行业和旅游企业资源，充分利用国家西部旅游人才培训基地网站，搭建旅游人力资源就业服务平台。

---

① 胡妍、曾明竹、刘馨瑶、王天福：《川藏地区旅游产业从业人员需求现状分析》，《现代商业》2017年第25期。

（2）调整川藏地区旅游企业部门结构编制，完善人才任用机制

相关企业应优化基本组织架构，并落实到实际运行中，避免出现拖、诿、推等造成效率下降的情况，推行扁平化管理，并明确分工，提高企业管理效率。

以自驾车旅游营地专业人才培养为例，《四川省自驾车旅游汽车营地发展规划》提出，首先应该积极组织实施国内外旅游培训项目，吸取发达地区和国家自驾车旅游营地服务及管理的先进经验；建立和完善自驾车旅游营地从业人员退出和淘汰机制，规范对自驾车旅游营地服务的管理。其次要大力支持自驾车旅游营地发展专项研究，尤其是针对自驾车旅游营地市场动态规律、旅游产品创新机制以及服务保障体系及营地运行模式等问题，不断提高旅游专项研究水平，从而更好地指导四川自驾车旅游营地科学、健康、可持续发展。[①]

（3）多举措控制人才流失率

通过提高管理者的管理水平和管理效率，构建合理的薪酬结构，可有效地提升人才对企业的归属感。《四川省“十三五”旅游业发展规划》指出，应该将旅游人才培训工作纳入人力资源社会保障部门就业培训和职业教育计划。建立并完善旅游职业资格、职称和技术等级制度，规范落实导游薪酬和社会保险制度，支持旅游从业人员评选劳动模范和先进工作者，开展最美导游、金牌讲解员等评选表彰活动，切实提升旅游从业人员的社会地位和职业荣誉

---

① 《四川省自驾车旅游汽车营地发展规划》，百度文库，https：//wenku. baidu. com/view/3de6100027d3240c8447effc. html。

感，表彰对促进旅游就业做出突出贡献的企业和个人。

因此，为促使川藏地区旅游经济更好发展，优化该地区相关产业的人力资源配置至关重要，要想实现高效的工作水平、合理的人员配置、协调的交流合作，明确的发展目标是必不可少的。[①] 旅游从业人员良好的态度、高质量的服务品质，能够满足川藏线自驾旅游者的需求，使游客对该地区的旅游服务感到温暖，产生向他人推荐的热情，川藏线自驾游才能健康稳定地发展。

（4）多方联合完善培训系统

一方面，依托于人才的增长和企业效率的提升，建立完善的培训系统，增加培训的数量，提高培训的质量，重点放在语言培训上，提升相关从业人员的普通话及英语水平。善用互联网工具，并将旅游相关培训内容与时代创新和时代趋势结合。

另一方面，制订政府主导的自驾游及营地经营管理人才专项培养计划，借助行业协会和相关高校的力量，设立专项资金，实施人才工程，为自驾游和营地这一新兴旅游业态积聚人才，保障其快速和稳定发展。[②] 例如，目前已经有一些企业正在与本科院校及教育部洽谈联合开设专门针对营地管理方面的专业，学生在校学习两年到三年的理论知识后在营地实习，表现突出的学生还有机会去国外成熟的营地管理学校学习专业的营地管理知识。

① 胡妍、曾明竹、刘馨瑶、王天福：《川藏地区旅游产业从业人员需求现状分析》，《现代商业》2017年第25期。

② 陈云川、袁毅：《川藏地区自驾游营地发展研究》，《四川旅游学院学报》2018年第3期。

三　科学构建体系，激活川藏线自驾游产业

旅游业是一个综合性极强的行业，从业人员是该产业的直接代表，可以真实、真切地反映该地区、该行业的礼仪礼貌状态，从业人员的个人素质、职业道德素养、品行动作与旅游行业发展息息相关。由于川藏区域内自然和生活条件整体较为艰苦，加之该区域内自驾游明显的季节性特征，难以招来并留住高素质的、专业的自驾游接待服务人才，非常不利于自驾游接待服务朝高质量的方向发展。因此只有科学构建自驾游人才培养体系，建立健全人才培养机制，才能更好地激活川藏线自驾旅游的价值与活力，实现该行业的健康发展。

新时代“两路”精神弘扬与川藏旅游协同发展的若干建议*

宋 波**

摘 要：本文立足于川藏地区日益蓬勃的旅游产业，从“两路”精神弘扬与川藏公路旅游产业协同发展的角度出发，研究两者之间既相互依存又相互促进的内在关系。本文致力于在新时代更好地传承和弘扬“两路”精神，促进川藏地区旅游产品的丰富和精神内涵的进一步提升，从推进“两路”遗址保护与开发、创新产品设计、加强宣传营销、优化管理机制等方面来阐述推动交通旅游融合的实践创新。

关键词：“两路”精神 川藏旅游 交通旅游融合

* 基金项目：四川雅康高速公路有限责任公司资助项目“新时代弘扬‘两路’精神传承研究”（藏高科技 2018-01）；川藏旅游产业竞争力提升协同创新中心资助项目“川藏地区高速公路建设与文化旅游融合研究”（项目编号：18CZZX14）；重庆交通大学交通文化产业研究院资助项目“汶马高速建设与藏羌文化旅游融合研究”（项目编号：RWJT201807）。

** 作者简介：宋波，重庆交通大学讲师，主要研究方向为区域旅游规划、藏区旅游文化。

一　新时代“两路”精神弘扬的理论价值和现实意义

1.“两路”精神概述

60多年前，西藏获得和平解放前后，中国人民解放军、四川和青海的各族人民群众以及工程技术人员迅速组成了11万人的筑路大军，在当时极为艰苦的条件下奋勇拼搏，用时不到5年，就建成了全长4360公里的川藏、青藏公路，结束了西藏没有现代公路的历史，在被誉为“人类生命禁区”的“世界屋脊”创造了世界公路建设史上的一个奇迹。同时，3000多名英烈也为此付出了自己年轻的生命，这既是两条用铁锹和镐掘出来的路，也是十余万军民用生命和意志建成的道路，在其建设和养护的过程中，形成了“一不怕苦、二不怕死，顽强拼搏、甘当路石，军民一家、民族团结”的“两路”精神，并经由一代又一代公路人传承至今。他们秉承传统，以路为家，不断丰富和发展前辈的精神，为西藏交通运输事业的发展注入了强大的精神动力。

2.“两路”精神弘扬的理论价值

当年，川藏、青藏公路的建成通车，是在党的领导下新中国取得的重大成就，对推动西藏实现社会制度历史性跨越、经济社会快速发展，对巩固西南边疆社会稳定、促进民族团结进步发挥了十分重要的作用。更重要的是，它体现了共产党一贯奉行的人民利益至上的执政为民理念。[①]

在21世纪的今天，我国的综合国力显著增强，社会经济发展程度早已与过去不可同日而语，但国际与地区局势仍然瞬息万变，西藏也尚存一定的不安定因素，因此，习近平总书记强调，新形势下要继续弘扬"两路"精神，养好两路，保障畅通，使川藏、青藏公路始终成为民族团结之路、西藏文明进步之路、西藏各族同胞共同富裕之路。[②]

3.弘扬"两路"精神的现实意义

"两路"精神的弘扬在于铭记，而最好的铭记就是践行。自"两路"通车以来，西藏交通实现了一次又一次的飞跃：拉萨贡嘎机场建成，为西藏与内地架起空中的桥梁；青藏铁路全线通车，为藏家儿女带来吉祥；墨脱公路贯通，结束了全国最后一个县不通公路的历史；拉林高等级公路的出现，弥补了西藏地区间缺乏高等级公路的不足。所有这些，都是践行"两路"精神的最好体现，是几代交通人持续努力的结果。

目前，我国正处在从交通大国向交通强国迈进的关键阶段，国家明确提出建设交通强国的宏伟目标，并于2019年9月印发了《交通强国建设纲要》。在政策引领下，近年来高铁、高速公路布局网络日趋完善，港珠澳大桥、北京大兴国际机场、川藏铁路等一批国家重大交通工程项目相继出现，它们的建设，都迫切需要继续践行"两路"精神，发扬"特别能吃苦，特别能战斗，特别能奉

① 庞跃辉、王戎：《群众路线下的"两路"精神分析——基于川藏公路、青藏公路建设的认知》，《中国公路》2017年第17期。

② 《习近平：弘扬"两路"精神 助推西藏发展》，《中国产经》2014年第8期。

献”的精神。

二　川藏旅游发展与“两路”精神弘扬的关系

川藏公路沿线的四川、西藏交界区域包括四川甘孜州、阿坝州，西藏昌都市、林芝市以及那曲部分地区，这里既拥有“两路”精神诞生的现实土壤，同时也是青藏高原旅游业发展最为蓬勃的地区之一。该地区旅游产业发展与“两路”精神弘扬之间，存在着相互促进的、紧密的必然联系。

1. 川藏地区旅游产业发展是弘扬“两路”精神的重要载体

川藏地区各州、各市 2019 年政府工作报告的数据显示，2018 年，川藏地区累计接待游客 5557.5 万人次，综合旅游收入达 468.4 亿元（那曲只有 3 个县位于川藏公路沿线，故未计入统计），区域旅游经济活跃程度在整个青藏高原首屈一指（见表 1）。除去火车、飞机两种交通方式，川藏公路是每年旅客承载量最大的一条进出藏通道，已有越来越多的专家学者呼吁将打造川藏线经济带上升为国家战略。

表 1　2018 年川藏地区旅游发展统计数据

	甘孜	阿坝	昌都	林芝	合计
旅游接待人数（万人次）	2230	2370	244	713.5	5557.5
旅游收入（亿元）	222.5	166.7	20	59.2	468.4

资料来源：笔者根据甘孜州、阿坝州、昌都市、林芝市 2019 年政府工作报告整理而成。

一方面是旅游产业的兴盛，另一方面却是“两路”精神深入大众不够。现有对“两路”精神的研究更多还停留在理论层面，“两路”精神还只是政府部门、事业单位，或少数相关领域在做思想工作或政治学习时提到的词语，并没有深入人民大众。要想实现更好的宣传和教育效果，让“两路”精神在普通旅游者中引起共鸣，让大家自发地了解和铭记历史，对先辈的光荣事迹感同身受，进而激发其在自己所处的行业中奋勇争先，真正践行“两路”精神，就必须以游客需求为导向，深入挖掘“两路”精神文化内涵，设计游客感兴趣的旅游产品，将交通事业、旅游事业和文化教育事业牢牢融合在一起。

2.“两路”精神是促进川藏旅游产品丰富和层次提升的核心资源

受旅游者需求纷繁且易变的影响，任何地区的旅游产品体系都是一个庞杂的构成，旅游线路上产品的种类越丰富，资源等级越高，体验性越强，就越容易受到旅游者的青睐。众所周知，川藏公路历来有南线和北线之分，沿途山高路远，线路较长（南线2146公里，北线2412公里），不管对哪条线路而言，“两路”精神都是对其原有产品类型的丰富。

此外，西藏旅游资源禀赋独一无二，是全世界游客心中的终极旅行目的地之一，但凡沿川藏公路入藏的人，无论通过何种方式，大多有一种“朝圣”的情怀。但不可否认的是，近年来随着交通条件的日益改善和政策的放宽，西藏的可通达性越来越高，老川藏公路不断改道，过去花几个小时才能翻越的大山，现在穿越隧道几分钟就能通过，在大大节省时间、降低风险的同时，人们对这条朝圣之路的体验感也下降，再也无法把“天险”这样的词语与之联系在一起。在此背景下，“两路”精神的传承与弘扬，恰好是川藏地区旅游产品升级换代和层次提升的有力依托，它能赋予原有自然及人文景观以新的活力，用更高远的精神内涵将旅游者、交通人、当地居民，乃至实现中华民族伟大复兴的宏伟蓝图联系在这条神圣的道路上。

三 “两路”精神弘扬与川藏旅游协同发展的若干建议

1. 保护“两路”遗迹，推进有序开发

资源是一切旅游开发的基础。所依托的资源等级、资源丰富度与密度等，直接决定了一个旅游项目开发能达到的高度。有的资源一旦被破坏，即使能重新恢复，也需要付出巨大的时间代价和经济代价。

川藏公路修筑于20世纪50年代，距今已有60多年，本来在漫长的进藏道路上留有大量的修筑遗迹，但公路沿线大部分地段属于地质灾害频发区域，历史上自然灾害不断，致使道路改道，原址受破坏甚至不复存在的现象很多。以至于说起“两路”遗迹，只有位于四川雅安市芦山县的飞仙关吊桥、天全县二郎山筑路烈士墓园、西藏昌都市八宿县的业拉山72道拐、怒江大桥排长跳江图、波密县排龙乡川藏线十英雄纪念碑、易贡茶厂及原十八军军长张国华将军楼、拉萨市青藏川藏公路纪念碑、原十八军政委谭冠三纪念园等少数几处最具代表性。其中知名度最高，已开发为旅游景点的仅有业拉山72道拐一处而已，其余大多数都存在不同程度的资源保护不到位的问题。

另外，所谓“无限风光在险峰”，作为进藏道路中最险同时也最美的一条公路，川藏公路的传奇很大程度上来自它的险峻，来自成都至拉萨需要翻越的十几座海拔在4000米以上的雪山，对于游客而言，遇到地质灾害属小概率事件，翻山途中直面美景才是最纯粹也最直观的体验。但时至今日，川藏线上的高山，有一半都已建了隧道。不可否认，这确实有着很强的现实意义，也大大降低了行车风险，却使得原来绝美的盘山路年久失修，渐渐淡出人们的视野，原有的公路遗迹也就不复存在。

那么，找到一个合适的利益切合点，将交通干道的通行价值和旅游价值区分开来，在保留交通遗迹的同时实现社会价值和经济价值的最大化，构建“快进慢游”的现代交通网络体系，就显得尤为必要。当然，开发时必须找准重点，有序推进，优先创建少量“两路”文化旅游示范点，并发挥其带动作用。

2. 创新产品设计，实现交旅融合

首先，加快“两路”文化旅游示范点建设，丰富旅游产品类型。就目前公路沿线所保留的“两路”遗迹而言，最适合优先开发的无疑要数业拉山72道拐、通麦特大桥和易贡茶厂三处。其中，业拉山72道拐是川藏南线的标志性景点，已建成观景台，但其和几乎所有川藏线上的观景台一样，仅仅发挥停车观景的功能，对人文精神的彰显不明显，可以在观景台上通过石碑、浮雕、雕塑等方式塑造鲜活的英烈形象，讲述公路修建的历史和典型事迹。通麦特大桥是历代驻扎在公路沿线的武警官兵和养路工人长期与自然灾害做斗争的历史见证，是“人定胜天”的“两路”精神的绝佳体现，这里紧邻川藏线十英雄纪念碑，位于前往易贡乡的交通路口，现有一小型停车观景点。根据其地理位置与特性，可考虑修建川藏公路展览馆，改善大桥环境风貌，将该区域重点打造成波密—鲁朗—林芝一线的重要旅游节点。易贡茶厂位于易贡国家地质公园内，是原十八军部队负责军垦的农场，内有张国华将军办公和居住的旧址，同时也是西藏唯一的产茶地，附近雪山、冰川、湖泊、森林、草场、茶园、村庄俱全，资源组合密集，具有极高的开发价值。

其次，开发创意旅游产品，促进交旅融合、文旅融合。中国邮政于 2019 年 8 月 10 日发行的《青藏川藏公路建成通车六十五周年》纪念邮票就是很好的举措。该版邮票 1 套共 2 枚，通过巧妙的设计将兴康特大桥、养路工人塑像、大渡河、“天下第一道班”、唐古拉山口石碑、藏羚羊等元素合理搭配在一起，突出一代代公路人继承先辈传统、弘扬奉献精神、在“世界屋脊”上书写奇迹、谱写交通强国新篇章的事迹。邮票一经发行，即迅速得到了市场的积极反馈，是交通、文化、旅游有机融合发展的成功案例。川藏公路上蕴含“两路”精神的资源众多，在旅游风景廊道建设、公路景观设计、标识标牌及导引系统设计、服务区建设、自驾车营地建设、特色旅游纪念品创新等方面，都存在广阔的发展空间。

3. 重视宣传营销，强化品牌形象

自 20 世纪 90 年代西藏旅游业逐渐进入快速发展期，尤其是 2006 年 10 月《中国国家地理》杂志将 G318 国道评选为“中国人的景观大道”以来，虽然川藏公路早已名声在外，但对外宣传时几乎都是立足旅游行业，鲜少涉及“两路”精神与文化，致使普通游客对这一领域少有了解。各地交通部门虽然做了许多工作，但整体上太过“低调”，内部营销远大于外部营销，对外自我宣传力度不够，要么与其他产业融合不深入，游离于旅游经济之外，要么宣传手段单一，仅靠在公路边竖几条标语，很难引起游客共鸣。

针对这种情况，建议未来在公路主题标识创建，沿线主题建筑修建，现有交通设施风貌整改，道路景观、绿化、乡镇路灯及其他小品设计，各类标识标牌系统完善，交通工具外观美化，公益广告、宣传册及音像制品制作，道路工作人员服装设计等方面，全方位挖掘、融入“两路”精神文化内涵，保证其自内而外得到充分的继承和全面的弘扬。仅以交通设施风貌整改为例，道路本身就是用来通行的，交通设施发挥首要功效无可厚非，但在保障安全通行的前提下，整改其外观设计与局部风貌就可以融入多元文化元素。如通麦特大桥东侧连接拉索的台座，本是眺望大桥及通麦险峻地势的绝佳位置，但现在全是光秃秃的水泥，毫无美感可言，要更好地发挥产业联动效应，可以做一面浮雕墙，展现公路今昔差异，既可以弘扬“两路”精神，又可以延长游客停留时间。

4. 优化管理机制，破除体制障碍

传统管理体制上的弊端是中国许多旅游景区都面临的一大问题。川藏公路横跨 2000 多公里，早已超越了行政区划的概念，沿线资源既相互独立又相辅相成，要想将其打造为世界一流的自驾旅游线路，离不开各州、各地区、各市县以及各部门的通力合作。对于某些可能涉及多个部门管辖权的“两路”文化资源（如怒江大桥的管辖，就涉及交通运输部门、文化和旅游部门，甚至国防部门），一定要在党中央、国务院关于围绕全域统筹规划，全域资源整合，全要素综合调动，全社会共治共管、共建共享的目标指引下，强调顶层设计，创新管理理念，全力推动在综合管理体制改革、“旅游+”方面取得新突破。

川藏区域体育旅游发展路径研究*

赵豫西　赵瑞斌**

摘　要： 随着经济的发展，人们的生活水平与质量得到了极大的提高，大众对精神文明和自身健康的重视以及对体育活动的追求，成为人们生活的新时尚和休闲的新方向，并通过现代旅游业和体育运动相结合的方式体现出来。文章通过对川藏体育旅游发展现状及存在问题进行分析，提出相应对策，如促进体育旅游产业政策出台；创新开发体育旅游产品；加强宣传与营销，努力拓展体育旅游客源市场；加强各部门协调统一，紧密协作，为川藏体育旅游有序健康发展提出有益的思考。

关键词： 川藏线　体育旅游　体育旅游客源市场

一　引言

川藏线有着丰富的旅游资源，主要以旅游业为经济支柱产业，

* 基金项目：2019 川藏旅游产业竞争力提升协同创新中心资助项目“川藏户外体育产业发展研究”（项目编号：19CZZX01）；2020 年四川旅游发展研究中心资助项目“‘新冠肺炎’疫后川藏体育旅游产业发展研究”（项目编号：LY20-11）。

** 作者简介：赵豫西，四川旅游学院酒店管理学院副教授，研究方向为乡村旅游；赵瑞斌，四川旅游学院运动休闲学院副教授，研究方向为休闲体育、体育旅游。

其丰富的少数民族文化、奇特的高原风光以及著名的红色遗迹是吸引四面八方游客的重要因素。在国家经济改革的大趋势下，发展体育旅游成为经济转型升级的重要路径。同时，川藏线在我国已成为无数自助旅游者的首选之地。随着国家对西部开发力度的持续加大，川藏线的道路通过能力逐步得到提升，新川藏线强烈的衍生带动效应，及其新增的沿途附加活动不断地吸引着一波又一波的游客前往，由此，川藏线体育旅游发展前景广阔。

二　研究现状

目前，对于体育旅游国内学者的主要观点有以下几种。在体育旅游市场类型的研究方面，王桂忠、赵丽光按消费类型将体育旅游市场划分为挑战刺激、健身娱乐、观看体育比赛三大类；① 于素梅、易春燕将体育旅游分为参与型和观赏型两大主类别，两大主类别又包括人文、水域、生态、历史文物古籍、民族文化及场所、体育赛事、文化盛会 7 个亚类别。② 在体育旅游市场消费者需求的研究方面，杨强认为单纯地提供体育产品和服务的体育旅游产业难以满足旅游者日益多样化的需求；③ 冯桂霞以城市年轻中产阶层为研究对象，分析得出城市年轻中产阶层最喜欢参与休闲类体育旅游，

① 王桂忠、赵丽光：《中国体育旅游市场类型及特点探析》，《吉林体育学院学报》2005 年第 2 期。

② 于素梅、易春燕：《体育旅游资源的内涵及开发问题研究》，《成都体育学院学报》2005 年第 1 期。

③ 杨强：《体育产业与相关产业互动发展的内在机理与外在动力研究》，《第六届全国体育产业学术会议论文集》，2012。

消费结构以实物性消费为主，以住宿、交通、餐饮等消费为次的结论。[①] 在体育旅游产品开发研究方面，余万斌采用ASEB栅格分析法进行研究，认为开发体育旅游产品的措施是完善体验与互动式体育旅游运营模式、建立核心“产品链”的联合互助机制、倡导低碳体育旅游理念、科学设计体育旅游资源产品的活动项目。[②]

三　川藏线体育旅游发展现状

（一）川藏线整体资源环境介绍

川藏线以风景优美、路途艰险著称，沿川藏公路进西藏，须翻高山、跨急流，路途艰辛且多危险，但一路景色壮丽，遍布多种类型的旅游资源，有雪山、原始森林、草原、冰川和若干大江大河（金沙江、澜沧江、怒江等）。其中自然旅游资源包括地质地貌景观，如理塘地震断裂带、怒江九十九道拐、来古冰川、海螺沟冰川瀑布等，水域风光如西藏然乌湖、波密古乡湖、色达五色海、康定巴旺海、拉萨河等，还有巴结巨柏林、林芝鲁朗林海、海螺沟原始森林等一些生物景观，除此之外，更不乏人文旅游资源，如理塘印书院、朋布西古碉、甲玛王宫等历史遗迹，理塘白塔公园、直贡梯寺、同卡寺等一些有名的建筑设施。

① 冯桂霞：《城市中产阶层体育旅游消费制约因素研究——以杭州市为例》，硕士学位论文，杭州师范大学，2013。

② 余万斌：《基于ASEB分析的体验式低碳体育旅游产品开发研究》，《沈阳体育学院学报》2013年第4期。

（二）川藏线体育旅游发展的优劣和劣势

1. 优势条件

第一，南线与北线拥有两种迥然不同的风景。川藏线分为川藏南线和川藏北线，南线就是我们通常所说的 G318 国道，而北线主要走的是 G317 国道。无论是南线还是北线，总归是由四川到西藏，殊途同归罢了。不过，游客选择不同的线路会欣赏到不一样的风景。其实，川藏南线与北线的风景各有特色，南线主要以自然风光见长，比如雄伟的二郎山、汹涌的大渡河、广袤的毛垭大草原、宁静的然乌湖……每到一处都让人驻足不前，每一处的风情都在拨弄着人们的心弦。而北线则是自然人文风光并存，除了江河湖泊等一些自然风貌，更有道孚民居、五明佛学院、甘孜寺等人文建筑。同是川藏线，它们却为我们呈现不一样的风景，或许这就是川藏线最大的魅力吧。

第二，适合各种类型的出行。选择川藏线作为旅游线路的人群种类很多。[①] 比如朋友组团、家庭出游和企业团队旅行等。据了解，很多企业经常将团队旅游作为给员工的福利，以此激发员工的工作热情。可以看到，川藏线体育旅游的受众具有广泛性。

2. 劣势条件

第一，旅游的季节性强。川藏线体育旅游的最佳时间是 5 月，以及 8 月至 10 月，相对来说，适宜出行的时间较短。5 月至 8 月虽说是旅游佳季，但这段时间正处于雨季，是泥石流和塌方的高发时

① 赵瑞斌：《关于川藏线上体育旅游产品开发的研究》，《经济研究导刊》2020 年第 1 期。

段，而冬季又太冷，均不适合开展体育旅游活动。由此可知，川藏线体育旅游具有极强的季节性。

第二，自然灾害频发，基础设施薄弱。以G318、G317国道途经和辐射的四川段主要区域为例，雅安、甘孜和阿坝等各市（州）经济社会发展落后、基础设施和公共服务设施建设薄弱、自然灾害频发、生态环境需要强化保护。同时，G318国道川藏段路况条件差，多山谷地貌，其中四川境内分布有6座山，西藏境内分布有8座山，其中的党巴山最为险峻，地处横断山脉的三江（金沙江、澜沧江、怒江）流域，是横断山区著名的险段之一，成为川藏线自驾游的“拦路虎”。

在高原地带，对游客的吃住保障存在薄弱环节，住宿等基础配套设施大多是由个体经营者投资而建，缺乏政府统一规划管理，影响游客的体验。比如药店、超市等基础服务设施极少。而这条线沿途多为高原地区，加上饮食等方面的差异，很多游客容易水土不服及肠胃不适。

第三，体育旅游产品单一，开发深度不够。川藏线体育旅游资源丰富，但是体育旅游资源开发少而单一，以自驾观光等方式为主，而其他具有市场价值和参与度高的体育旅游资源尚未得到合理开发，且产品的组合较少，没有向多元性和高附加值的产品转型。目前一般稍附带一些体育活动的旅游就叫作体育旅游，附带有运动因素的就称为体育旅游产品，而真正以参与或观赏体育活动为主题的旅游很少，专门的体育旅游公司几乎没有，相关旅游产品的开发力度更是不足，体育旅游产品呈现出类型大众、结构单一的特点。[①]

第四，体育旅游产业缺乏整体规划。川藏线体育旅游在整体规划方面缺乏统筹设计，导致相同旅游资源的重复开发，规模相对较小的旅游资源质量得不到提升，且出现恶性价格竞争，旅游者的旅游体验大打折扣。另外，各政府部门合作不紧密，在产品规划和设计方面过于单一，缺乏产品创新升级。如甘孜州的温泉资源以海螺沟景区最为出名，吸引了全国各地的游客，而其他地方的景区也相继开发温泉旅游资源与其竞争，但规模和质量都无法和海螺沟景区相比，影响了游客体验。

四　对策建议

（一）促进体育旅游产业政策出台

因地制宜，制定川藏线体育旅游业发展的政策法规体系。第一，制定加强基础设施建设的政策法规。基础设施建设需要投入大量的资金，因此不仅需要政府的介入还需要政府牵头组织。第二，制定改善投融资环境的政策法规。体育旅游产品的运营开发离不开资金的投入，但仅凭地方财政支出的投入不易实现资源的最佳利用，达不到效益最大化。政府需要通过政策法规的制定，营造良好的投资软环境，增强对本土或者外来企业投资的吸引力，如简化和规范投资项目的审批事宜等。近年来，国家对体育旅游业的发展是大力支持的，由国家旅游局、国家体育总局共同印发的《关于大

① 冯卫：《体育与生态环境》，《广州体育学院学报》2004 年第 2 期。

力发展体育旅游的指导意见》提出，到2020年，在全国建成100个具有重要影响力的体育旅游目的地，建成100家国家级体育旅游示范基地，推出100项体育旅游精品赛事，体育旅游总人数将达10亿人次，占旅游总人数的15%，体育旅游总消费规模突破1万亿元，推进“体育+旅游”的深度融合。

（二）创新开发体育旅游产品

创新开发体育旅游产品一直是政府部门在探索的重要问题。体育旅游产品体系应包括核心产品体系和外围服务体系两大系统。[①]除此之外，还可以加强红色旅游资源与体育旅游资源的结合，规划特色旅游线路，拓宽旅游市场。另外，还必须加快完善生态体育旅游产业链条，满足游客吃、住、行、娱、购的需求。

同时在体育旅游产品创新方面还可以引进新元素，建立并完善产品售后服务体系。比如在旅途中，人们大都喜欢将自己的旅行用照片或视频的方式记录下来，作为自己体验过的证明，而在体育旅游活动如登山、攀岩、滑雪或者蹦极等过程中，游客用手机拍摄留存照片、视频的难度较大且安全系数较低，这一点往往成为旅游者的遗憾。因此，旅游企业可以增设跟拍摄影服务或使用其他技术，完整地记录参与者的动态，通过引进这样一种新元素，实现体育旅游的创新。同时，也可考虑将旅游产品和娱乐活动组合起来。国外在体育和娱乐融合方面已做得比较成熟，也可效仿该运行模式，利用明星效应、娱乐辐射带动体育旅游产品的开发。

---

① 刘琨瑛、林如鹏：《体育赛事与广州城市文化软实力发展研究》，《广州体育学院学报》2013年第6期。

（三） 加强宣传与营销，努力拓展体育旅游客源市场

体育旅游业主要是在人们旺盛的体育旅游需求的推动下兴盛起来的。由于在体育旅游发展过程中，人们的体育旅游需求在不断地变化，因此只有加强体育旅游市场研究，洞悉这种变化，不断推出体育旅游者喜爱的产品项目，才能增加客源、拓展市场。体育旅游宣传、营销需要政府主管部门和体育旅游企业共同参与，从体育旅游地形象、体育旅游产品、信息提供和咨询以及宣传媒体、宣传形式、宣传手段等方面进行统筹规划，分步实施。同时 21 世纪是信息时代，打开电视，点开手机，各种信息扑面而来，通过互联网等媒介加大对体育旅游及其产品的宣传推广力度，抓住人们的目光，让人们在不知不觉中被吸引，从而逐渐了解，慢慢参与进来。

（四） 加强各部门协调统一，紧密协作

体育旅游开发是依靠旅游、体育、经济等部门协调配合来完成的。一个部门打造出来的产品缺乏核心竞争力，应借助自身的旅游资源优势，加强与其他部门合作，着力解决自身的发展瓶颈，实现旅游业和体育业的产业转型升级。[①] 比如一个漂流项目，就会涉及旅游、水利、环保、文化、安全等众多部门，在办理相关手续时要到多个部门进行审批，程序烦琐。体育旅游是一项正处于发展中的且未来发展空间极大的新兴产业，在发展的过程中需要各级政府部门的大力支持。因此，在政府的管理上应简化环节，形成一站式服

① 王子朴、朱亚成：《“一带一路”背景下体育赛事发展的价值、困境与策略》，《北京体育大学学报》2017 年第 7 期。

务体系。

总而言之，川藏线体育旅游产业发展时间并不长，在发展的过程中也出现了各种各样的问题，这就需要地方政府及旅游单位相互配合，不断探索，针对这些问题，寻求创新突破，真正地将地方特色与旅游相结合，形成具有地方特色的户外旅游产业，从而起到既为群众服务，又促进地方经济增长的作用。

全域化视角下川藏地区公路旅游发展机理及路径探析*

任　洁**

摘　要：川藏地区旅游公路日益成为自驾游目的地，路域的通达过程也逐渐成为游客的旅游游览经历和目的。川藏地区公路旅游线路的开发是公路旅游发展的重要例证，反映了旅游经济强劲的产业发展趋势，对川藏地区旅游资源的开发和区域社会经济文化的振兴发挥了重要作用。在全域旅游的发展视角下，公路旅游的可持续发展需要融合地区经济的产业链，逐步构建和完善公路旅游发展的整体格局。结合川藏地区丰富的公路旅游资源和公路旅游线路的发展现状，本文深入探究了公路旅游的发展机理并提出对策：从粗放低效旅游向精细高效旅游转变，对区域内经济社会资源进行全方位、系统化的优化，使旅游资源、旅游文化相关产业、生态环境、公共服务、政策法规等都能够适应公路旅游的产业化发展要求。在川藏地区公路

* 基金项目：川藏旅游产业竞争力提升协同创新中心资助项目“全域旅游视域下川藏地区美丽公路旅游创新发展研究”（项目编号：18CZZX16）。

** 作者简介：任洁，重庆交通大学人文学院讲师，英国华威大学传播学硕士、教育学硕士，英国伯明翰城市大学访问学者，研究方向为文化创意产业、旅游文化、城市品牌研究。

旅游协同联动“大格局”的总体规划中，优化整合交通运输与旅游资源的布局，逐步建立和完善旅游交通规划、建设、运营新机制，形成融合联动发展的新模式。

关键词： 公路旅游　旅游公路　川藏地区

旅游业是国民经济战略性支柱产业之一，交通运输是旅游业发展的基础支撑和先决条件。近年来，我国综合交通运输体系不断完善，交通运输与旅游融合发展已经成为旅游业转型发展的新趋势。在交通业和旅游业快速发展的背景下，加快形成交通运输与旅游融合发展的新格局，到2020年，基本建成结构合理、功能完善、特色突出、服务优良的旅游交通运输体系，是国家政策层面制定的重要发展目标。

在我国社会经济迅猛发展的背景下，公路交通运输高速发展，交通基础设施进一步完善，车辆交通工具成为人们出行的重要选择之一。伴随公路交通的品质提升和社会大众可支配的车辆交通工具日益普遍化，公路不仅为旅游业提供强劲的交通助力，还成为旅客重要的活动空间和旅行空间。旅游公路、风景道的出现，把农家乐、景区景点串联起来，不再只局限于点到点的传统旅游模式，而创造出在“通达”过程中“有景可观、边走边玩”的休闲旅游模式。川藏地区公路交通整体水平的不断提升使旅游主体趋于大众化，越来越多的游客选择川藏地区为旅游目的地。随着自驾游和自助游人群的增多，川藏地区公路旅游路线在一定程度上得以开发，因而旅游目的更为休闲化，旅游形式更为丰富，多样性和自由性更强。基于旅游模式发生的新变化，公路旅游呈现出较为强劲的产业发展趋势。结合川藏地区丰富的公路旅游资源和川藏公路旅游路线的发展现状，深入探究公路旅游的发展机理和发展对策，构建川藏地区公路旅游的全域化发展格局，能够促进川藏地区旅游经济可持续发展。

一 川藏地区公路旅游全域化的发展背景

公路旅游是在公路交通与旅游产业融合发展的背景下形成的具有创新性、混合性和多功能性的新型旅游模式。公路旅游涵盖公路及公路周边旅游景区、城镇、乡村，能够对当地旅游资源的开放和利用产生推动力，通过旅游带动区域产业结构的调整，为当地经济的发展注入活力。公路与旅游的融合是全域旅游发展格局得到推进的重要体现。所谓全域旅游，是旅游产业的全景化、全覆盖，是资源优化、空间有序、产品丰富、产业发达的科学的系统旅游，其以旅游业带动和促进经济社会协调发展，实现一定区域内资源有机整合，产业融合发展，社会共享共建。全域旅游强调对旅游产业乃至整个社会经济体系发展序列的把控，践行空间经济学的“点—轴—域面”时空演进体系。[①] 从长期发展来看，全域旅游是我国新阶段旅游发展战略的再定位，是一场具有深远意义的变革。川藏地区公路旅游具有长足发展潜力，旅游资源极为丰富，风光旖旎、人文风情独具魅力，且公路总里程长、公路路网覆盖区域广泛，能够辐射众多城镇与乡村，公路旅游对实现川藏地区全域旅游的社会经

① 杨振之：《全域旅游的内涵及其发展阶段》，《旅游学刊》2016 年第 12 期。

济目标有着十分强劲的推动力。

在我国社会经济快速发展的背景下，全域旅游是我国社会经济发展进入新常态后提出来的。从时间纵向脉络来看，我国旅游发展是沿着一条从“小旅游”向“大旅游”发展的道路走过来的[①]，即小众旅游时代向大众旅游时代的转型。小众旅游时代的旅游产品主要是观光旅游，以景区吸引游客观光游览。进入 21 世纪，我国旅游市场扩大，旅游产品增多，旅游形态和旅游业态更为丰富，标志着我国的旅游业进入“大众旅游时代”。全域旅游的发展模式在大众旅游时代具有顺应时势的必然性，从全域范围放大旅游业的容量，将大资本和大技术引入旅游产业发展过程中。全域旅游构建起以景区、度假区、休闲区、旅游购物区、旅游露营地、旅游功能小镇、旅游风景道等不同旅游功能区为架构的旅游目的地空间系统，从而推动旅游空间区域从以景区为重心向以旅游目的地为重心转型。川藏地区公路辐射范围广阔，依托于公路路网的丰富旅游资源亟待进一步开发，公路旅游全域化发展的总体格局构建对进一步有序开发旅游资源和助力川藏地区社会经济文化的全面发展有着十分重要的意义。

近年来政府为全域旅游、公路旅游的发展提供了有力的政策性扶持。2016 年 3 月，李克强总理在政府工作报告中明确提出：落实带薪休假制度，加强旅游交通、景区景点、自驾车营地等设施建设，迎接正在兴起的大众旅游时代。2016 年 7 月，习近平总书记指出“发展全域旅游，路子是对的，要坚持下去”。在政策利好的

① 张辉、岳燕祥：《全域旅游的理性思考》，《旅游学刊》2016 年第 9 期。

背景下，川藏线公路旅游面临的是向全域旅游发展的大格局的转变与全方位提升。川藏地区发展全域旅游要改变以单一旅游形态为主导的产业结构，构建起以旅游为平台的复合型产业结构，从而推动旅游产业由“小旅游”向“大旅游”转型。在旅游业转型的环境中，公路交通与旅游产业的融合也沿着旅游公路向公路旅游的进程发展。旅游公路到公路旅游的过渡是旅游产业结构发展和旅游空间场域定位在发展思路上的重要转变，从而把旅游公路路线上的“小旅游”提升至公路旅游的全域化发展“大格局”中。

二　川藏地区公路旅游的全域化发展机理

川藏地区公路旅游线路近年来逐渐成为越来越多自驾游者的选择。以川藏线（即川藏公路）为例，该线路东起四川成都，西止西藏拉萨，由 G318 国道、G317 国道、G214 国道、G109 国道的部分路段组成，既是中国最险峻的公路，又覆盖川藏地区极具地域风情、丰富多彩的自然景观和人文资源。川藏地区丰富的旅游资源的开发和利用与川藏公路旅游线路有着密切的联系，从而可以带动当地社会经济文化的发展。

川藏地区公路旅游线路的发展是推进公路旅游产业格局不断完善的重要例证。旅游公路是公路旅游产业发展的初级形态，是公路旅游呈现系统化、规模化、有序化的基础。旅游公路是公路交通运输体系与旅游产业在一定程度上相互结合的产物，这一旅游产品的出现反映了公路交通综合发展体系时代的到来和大众自驾游的趋势。与此同时，我国民众经济收入水平的显著提升和旅游观念的转变也推动了旅游公路的发展。目前学界对旅游公路较为普遍的界定是：连接景点景区及旅游出发地之间的整体安全、美观、管理有序的公路，能够满足游客的审美要求并为其提供符合生理和心理需求的服务设施。这一界定主要强调了公路在游客旅游过程中的串联和运输特质，对旅游公路的特点和功能的揭示还不够全面系统。对旅游公路所具备的旅游特质加以分析，旅游公路基于一定技术标准和设施，在承载让游客通达于旅游景点景区功能的同时，又能够呈现路域的独特景观和文化特色，从而满足游客审美及娱乐休闲的需求。旅游公路侧重公路本身旅游资源的开发利用，从公路交通运输的配套设施和公路旅游景观建设方面着力打造具备旅游功能的公路路线。旅游公路的开发可以依据公路路线的风景特质、自然特质、历史特质、文化特质、考古特质，以及和户外娱乐性活动相关的特质。通过对公路路线景观的开发，旅游公路本身成为能够给汽车驾驶者及乘客带来旅游观光体验的名胜景点。

旅游公路集合了交通运输功能与游览休闲、生态建设和文化传承等功能，是公路复合型功能的具体展现。将公路打造成自驾游旅行时代的旅游产品，使得公路在当前公路交通发展的利好环境中由单一的交通运输功能向“交通+旅游”的复合型功能转变迈出了一大步。旅游公路作为我国较为新型的旅游产品，在欧美发达国家已有较长的发展历史。这些公路的叫法不同，如风景道路（the scenic road）、旅游公路（the tourist highway/the tourist road）、公园大道（park-way）、旅游线路（the tourist route）、假日线路（the holiday route）、主题线路（the theme route）、娱乐路线（the recreation route）或风景线路（the scenic route）等。林林总总，名称各异，其实质都是旅游公路，即展现路域的自然、历史、人文等资源，具有审美价值和旅游休闲的共性，其目的都是促进旅游的发展。从世界范围来看，美国的旅游公路建设和管理起步早、发展迅速、体系完备，其经验值得我们分析借鉴。美国旅游公路主要经历了以公园大道为特色的萌芽阶段、以景观公路为主的发展阶段、以国家风景道路项目实施为标志的成熟阶段。较之于美国旅游公路，川藏地区公路旅游发展时间较短，旅游公路体系如旅游公路的类型、级别、规划设计内容等诸多方面发展总体欠完善。川藏地区旅游公路日益成为自驾游目的地，游客的路域通达过程也日益成为游客的旅游经历和目的，因而公路旅游全域化发展的首要任务是对风景道路特质采取维护、保存、说明以及促进等措施，从而使所有的公路旅游线路都给游客带来独特的游览体验并提高当地居民的生活质量。

川藏地区公路旅游的发展是一个长期过程，其全方位的系统优化不仅要注重自然景观特色的可持续发展，同时还要兼顾历史、文化、休闲娱乐、考古等方面资源与公路旅游产业的有效融合。在提供多元化的旅游产品和旅游服务的同时，将当地产业经济的发展与旅游产业有机融合，能够使公路旅游产业走向融合发展。川藏地区公路旅游的全域化发展必然要求粗放低效旅游向精细高效旅游转变，对区域内经济社会资源进行全方位、系统化的优化提升，使旅游资源、旅游文化相关产业、生态环境、公共服务、政策法规等都能够适应公路旅游的产业化发展要求。

川藏地区旅游资源的多样性亦反映了地区政治、经济、文化的多元化，除了给游客提供丰富的旅游体验，旅游资源的全域化发展也对地方产业经济的优化增长、创建旅游扶贫的产业格局有着重要的促进作用，从而带动川藏地区全面建成小康社会总体目标的实现。公路旅游的全域化能够推进多元化特色自然文化资源的系统性开发，其旅游资源所带来的产业经济效益能够辐射公路路域的经济文化发展，尤其是对公路路网中的农村地区的发展具有促进作用。

三　川藏地区公路旅游全域化发展的整体规划

公路旅游风景道路的开发是顺应我国当前经济社会发展的有力举措。在旅游交通发展的有利契机下，从打造品质旅游公路着手，发展公路旅游这一旅游体验的新形态。近些年我国旅游公路建设的实践工作，为探索我国公路旅游产业的发展积累了不少经验和成功的案例，促进了“公路交通+旅游业”全域旅游整体格局的完善。结合不同区域的典型性特征和当地特色资源，旅游公路的建设可划分为生态景观型、民俗景观型、历史文化型等不同类型，进而推进公路特色景观、景点和旅游服务配套设施建设。在旅游公路的基本类型划分中，根据川藏地区自然、人文等资源的分布特征，打造公路旅游线路的独特定义和丰富内涵。川藏地区公路路域兼具险峻的自然景观、多民族的人文风情、独具魅力的民俗风貌，旅游公路的建设自然而然更具综合性和挑战性。旅游的本质属性是文化交流。① 以川藏公路为例，川藏线途经高山峡谷、雪山草甸，还有多

① 郑涛、张玉蓉、姜云艳：《红色精神传播视域下川藏公路文化旅游发展研究》，《重庆交通大学学报》（社会科学版）2019 年第 2 期。

姿多彩的文化，汉藏交融文化、木雅文化、红色文化、香格里拉文化等为川藏公路增添了极为浓厚和绚丽的人文风情。以川藏地区公路交通路网体系的不断完善为前提，有序开发川藏旅游目的地独特而丰富的自然和人文旅游资源，建立川藏地区公路交通旅游的整体规划体系，构建多形态的区域公路交通旅游模式，顺应并满足人民群众多样化的旅游需求。与此同时，公路交通旅游的整体格局规划是区域创新发展的重要组成部分，积极培育旅游新业态，提升旅游对产业经济的联动和激励作用。总体而言，川藏地区公路旅游的整体发展应遵循当地经济的现实情况和产业发展的基本规律，从国家计划打造的生态风景道（例如川藏公路、大巴山等）开始着手，逐步构建公路旅游的产业格局。

从全域旅游的视角来看，结合川藏地区沿线景观风貌和旅游资源，因地制宜建设旅游风景道和打造具有通达、游憩、文化体验、休闲等复合功能的主题线路是构建公路旅游产业格局的初期目标。这与《“十三五”旅游业发展规划》提出的国家品牌化旅游廊道发展思路是一致的。以建设旅游公路为出发点，深化交通与旅游的融合，发展公路旅游的休闲旅游和度假旅游形态，从而由公路旅游线路拓展至路域及周边地区的旅游资源的深入开发，建立与公路路网相融合的旅游景点，例如川藏地区风情小镇、少数民族特色村寨、自然生态景区、汽车露营地等。将川藏地区的自然生态景观、文化特色、民俗风貌等丰富的旅游资源有机融合，生产具有高度认知度的旅游品牌和旅游产品，例如大熊猫栖息地雅安、情歌故里康定、摄影天堂新都桥、红色旅游胜地泸定、康巴汉子故乡雅江、最后的香格里拉稻城亚丁等。[①] 从旅游公路到公路旅游，通过对旅游文化和旅游资源的开发将公路路线连接成网、贯穿成片，形成交通旅游产业的融合发展模式，并在此基础上建立具有路域特色的公路旅游综合体系。全域旅游是将区域整体作为功能完整的旅游目的地来建设和运作的，从而实现景点景区内外一体化，做到人人是旅游形象，处处是旅游环境。[②]

四　川藏地区公路旅游全域化发展的对策

当前我国建设旅游公路的理念是先进的，但在实际的发展过程中仍面临诸多困境。较之于近年以川藏地区为旅游目的地的自驾游的迅速发展，川藏地区的公路旅游线路仍处在粗放型的发展阶段，公共服务、政策法规、体制机制等方面都欠完善，且旅游公路发展模块单一，缺乏与周边地域其他产业的联动发展机制。所带来的结果是，旅游公路线路模式固化、单一，缺乏产业联动的支撑，不仅欠缺提供全方位旅游体验的动力来源，亦不能充分调动当地资源带动地方经济发展。公路旅游只有有机融入产业链中，并得到有序发展，才能达到公路旅游最优化发展的目的，实现效益最大化，并进一步促进公路旅游形成行业规范和实现规模化。

在公路旅游协同联动“大格局”的总体规划中，需要优化交通运输与旅游资源的布局，逐步建立和完善旅游交通规划、建设、

① 杨建容：《全域旅游背景下川藏公路风景道建设思考》，《市场研究》2018 年第 10 期。

② 王杏丹、刘俊雅：《“全域旅游”对民族地区的文化涵化影响与涵化路径引导》，《中华文化论坛》2016 年第 9 期。

运营新机制，形成融合联动发展新模式。

政府层面上，需进一步给予规划引导和政策支持，在政府的引领作用下，加强旅游交通基础设施统筹规划，建立健全交通服务设施旅游服务功能，统筹考虑各旅游要素和旅游资源开发，从而建立便捷高效的“快进”公路交通路网和满足旅游体验的“慢游”公路旅游服务系统。“快进”和“慢游”都是实现全域旅游的必备条件。一方面，就川藏地区公路交通的现实情况而言，加强公路交通的“快进”功能势在必行。通过政府主导下的政企合作，加速构建和完善公路网络，实现川藏地区公路交通的“快进”通行质量，从而提高川藏地区旅游目的地的通达性和便捷性，实现游客搭乘大巴和私家车快速往返于出发地与景点。另一方面，由于川藏地区旅游资源和经济资源分布不均衡，地方政府需要充分发挥其主导作用，引入旅游经济和旅游产业的发展机制，在加强政府政策和资金扶持的同时，充分利用多方力量打造公路路网中的“慢游”公路旅游服务功能。“慢游”是利用公路沿线及周边的景观风貌和旅游资源将吃住行游购娱的休闲旅游功能充分嵌入公路线路及公路路网中，结合区域实际情况发展旅游配套设施和旅游支撑产业，进而形成网状化的公路旅游产业模块。当前旅游交通融合发展的政策导向，本质上是打造公路旅游产业联动、区域协调发展的新型旅游形态。

产业层面上，提升公路沿线的交通旅游服务设施与打造优质公路旅游产品并重，力求实现旅游线路与沿线产业对接。川藏地区自然风光得天独厚、民族特色浓厚、多元文化交融，旅游资源的开发极具潜力，且能够产生可观的社会经济效益。在政府各级部门的有效引导和监管下，引入市场竞争机制，加强营销宣传，可以吸引经济投资，发展多元旅游品牌和旅游产品。川藏特色公路旅游产业的发展还需要完善公路交通旅游设施，这同样依托于市场经济的有效运行，以及产业链条的整体配合和良性互动。公路旅游涵盖了城市、城镇、乡村的旅游经济发展，尤其是对城镇和乡村旅游经济发展能够产生巨大的促进作用。川藏公路及周边社区得到援藏政策的支持，被整体性纳入旅游业发展中。例如林芝提出把鲁朗镇打造成“国内外知名的旅游小镇、藏东南旅游集散中心和西藏重要的旅游地标”的战略构想和相关重点援建项目对于偏远区域脱贫致富意义重大。[①] 公路是中小城镇及乡村的主要交通布局，通过加强中小城镇“交通+旅游”的融合，扩展旅游产业的辐射和带动效应，推动当地旅游经济的发展。与此同时，公路旅游促进村镇产业结构转型升级，并且带动村镇农业人口向第三产业转移，创造更多就业岗位，实现当地经济水平的有效提升。

五　结语

公路旅游既是全域旅游在公路路网区域的有效展现和实践，又是对旅游公路系统化的提升发展。在有序发展旅游公路的同时，须将旅游公路的建设纳入公路旅游的全局规划之中。在不断发展川藏公路路网体系和形成良好的公路交通通行质量的基础上，应顺应川藏旅游市场日益增长的新需求，尤其是川藏线自驾游和自助游游客

① 孙九霞、王学基：《川藏公路与鲁朗社区的旅游中心化》，《广西民族大学学报》（哲学社会科学版）2017 年第 6 期。

的新需求。面对当前形态的旅游市场和旅游产业，公路旅游为川藏地区特色旅游文化资源提供了价值实现的新空间和新路径。

从总体来看，在公路交通与旅游融合发展的背景下，从景点旅游走向全域旅游是旅游产业发展的重要趋势。创建川藏地区公路旅游的全域化形态，其首要举措就是总体规划公路旅游协同联动“大格局”，充分调动各行业协调发展和各部门齐抓共管优化整合交通运输资源与旅游资源的积极性，充分吸纳川藏地区公路路网区域丰富的旅游文化资源，以期建立旅游交通规划、建设、运营新机制，形成融合联动发展的新模式，为旅客提供全时空、全方位的旅游体验产品。

川藏地区 G318 沿线景区风貌提升策略研究*

毛 颖 李劲廷 王 炼**

摘 要： G318 被誉为“中国最美景观大道”，尤其是川藏段旅游资源集中程度高、质量等级优，成为旅游发展的热线。大大小小的景区也成为带动川藏地区旅游发展的重要触媒点，但也出现了人工环境和自然环境相冲突、主题特色不鲜明、缺乏缓冲区域、风貌不协调的问题，不利于景区的可持续发展。针对以上问题，本文对其原因进行分析，梳理风貌要素，从而提出坚持保护与开发并重的原则、制定景区风貌控制导则、采用“低介入式、高文化性”的景观规划设计方法、加强景区的风貌维护管理四大景区风貌提升策略。

关键词： 川藏地区 环境缓冲区 G318 沿线景区风貌

中国传统哲学观念强调“天人合一”、人与自然和谐相处。其

* 基金项目：川藏旅游产业竞争力提升协同创新中心资助项目“318 国道沿线景区风貌控制引导研究”（项目编号：19CZZX08）。

** 作者简介：毛颖，四川旅游学院讲师，研究方向为乡村旅游规划、乡村景观设计；李劲廷，四川旅游学院副教授，研究方向为景观规划设计、园林植物应用；王炼，四川旅游学院讲师，研究方向为会展旅游。

中，“形胜”意境是对地景学中环境协调的高度概括，可理解为“形象”与“胜美”的有机结合，即景观实体——山水、地形地貌、建筑、植物、道路等，具体包含亭、台、楼、阁、树、山、石、草、木、水等，与空间胜美的格局对立统一。[①] 川藏段的景区具有特殊地域文化风貌，极具综合性。在大众旅游时代大量人工环境注入的冲击下，建设并维护与周边空间环境协调的、高水平的景区风貌成为打造世界级旅游目的地的重要环节之一。

一　景区风貌含义

字面上理解，风是指人文精神，貌指形态。风貌，则泛指一个地方的人文特征和地质环境特征。在城乡规划建设领域，风貌被界定为“反映历史文化特征的城镇景观和自然、人文环境的整体面貌”[②]。

本文将景区和风貌结合在一起，具有三层含义。第一层是景区内部景观的整体呈现效果，第二层是景区和外围自然人文环境的融合情况，第三层是景区给游客的整体印象和感观。三个层次按照由内到外、由表及里、由现象到体验的逻辑顺序呈现。前两个层次是第三个层次的基础（见图1）。

其中，大部分景区能在规划设计时达到第一层含义的风貌协调，第二层次和第三层次则是风貌提升的重点，跳出景区看景区。外围环境应给景区提供配套支持和环境缓冲，与景区内部环境一起

① 张颖、刘晖：《风景园林的形胜释义与辨析》，《中国园林》2018年第S1期。

② 霍晓卫、李硕阳：《历史城镇的风貌保护与相关概念辨析》，《城市住宅》2017年第12期。

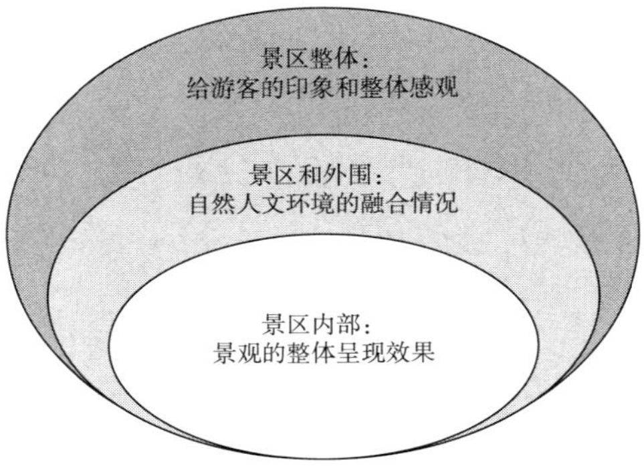

图 1　景区风貌的三层含义

资料来源：笔者自绘。

形成整体印象。内外环境各尽其责，共同组成整体风貌。

二　研究意义

传统的城市风貌规划是由宏观管控中观乃至微观，针对旅游目的地案例则应采用逆向思维，例如川藏地区各旅游城市。应从吸引力最大的景区出发，向更广的城乡风貌去延伸，从而进行更具有完整性、个性化、品牌化的形象塑造，达成“以景促城乡，以城乡护景”的效果。

传统的景区规划只局限在景区边界范围内，对其外围环境的考虑较少。川藏地区的景区散布在道路系统沿线的城镇或村落，本身资源禀赋较高，但容易被外围自发形成的配套环境破坏整体形象。同时，G318 是景观大道，更应该去研究其沿线景区在不同本底上与周边环境的风貌协调问题，以此打造形胜完整的形象。因此，景区风貌研究具有较高理论价值和应用价值，对整个G318线路的旅游质量提升也有重要意义。

三　川藏地区G318沿线景区风貌组成要素

按照景区风貌的三层含义，G318沿线景区的组成要素亦可以分为三类（见图2）。

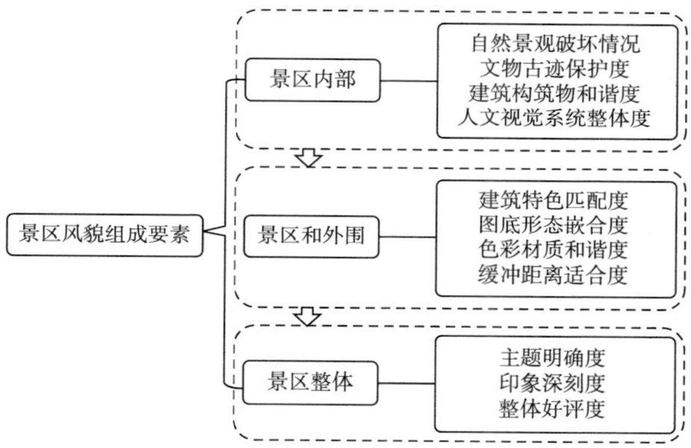

图2　景区风貌组成要素

资料来源：笔者自绘。

（一）景区内部风貌组成要素

针对景区内部，核心要求是具有统一、和谐的主题特色。参考2016年修订版《旅游景区质量等级的划分与评定》，可以从4个子要素进行考量，分别是自然景观破坏情况、文物古迹保护度、建筑构筑物和谐度、人文视觉系统整体度。

（二）景区和外围风貌组成要素

川藏段的景区大多沿道路系统分布在城镇或乡村。前者的外围环境更多是城镇肌理，是新与旧、传统与现代、游赏功能与配套功能的碰撞；后者更多的是景区出入口建筑群形态跟周围山水骨架的融合度。因此，主要考虑 4 个子要素，分别是建筑特色匹配度、图底形态嵌合度、色彩材质和谐度、缓冲距离适合度。

（三）景区整体风貌组成要素

游客对景区会留下或明确或模糊的整体印象，这个印象来源于对景区内部叠加外部环境的质量以及对主题文化特色的感知，既包含硬件环境又包含人文活动，既包含自然景观又包含人工景观。因此，考虑的子要素有 3 个，分别是主题明确度、印象深刻度、整体好评度。

四　景区风貌问题解析

由于交通升级、基础设施加强、媒体推广等原因，前往川藏地区的游客逐年增加，大大小小的景区成为带动地区旅游发展的重要触媒点。部分景区片面追求旅游发展，忽视了“城、乡、景共生”的健康模式，出现景区开发粗放、风貌不协调、内外环境建设不尊重自然本底等问题，不能健康有序地保障旅游发展。根据实地的调研总结，按照景区风貌含义，具体论述如下。

（一） 景区内部建筑设施和传统的、自然的景观存在冲突

川藏地区以自然景观为主的景区数量多，自然资源禀赋高，地形地貌框架和高原特殊天气特征突出。然而旅游开发必定伴随着人为建筑和景观小品的加入，这些元素会不同程度地影响原有的自然、传统风貌，易出现新建人工设施破坏原生风貌的原真性问题。例如康定南无寺的自然景观受到了电线杆破坏。再如，阿坝州小金县的沃日土司官寨地面已经做了水泥地硬化，停车场占据了居民公共活动场所，新增加的路灯、雕塑为假古董样式，其呈现在传统石木建筑群间，显得非常生硬和突兀。

（二） 景区内部主题信息不够明确，缺乏本地特色

每个景区都应该有明确的主题和定位，并在景区内部建设上围绕主题定位展开文化要素的深度挖掘，从而保证景区具有鲜明的文化特性。大到门景、游客中心，小到景观小品、指示牌等，都应该对景区本身的文化内涵有所展示。但目前大部分景区还没能用品牌观念去进行文化解读，整体设计缺失。

（三） 景区外围缺乏缓冲区域，行为冲突明显

G318 线上的景区对特产售卖、商业开发等配套服务企业产生了极大的吸引力，故而景区周边被大量商家、个体户、游客等群体占据。部分景区外围的建筑修建不考虑风格、形态、材质色彩以及在山水背景肌理中的天际轮廓线，导致景区外围杂乱局促，不能很好地凸显景区面貌。例如泸定桥和周边的现代城市风貌无缝衔接，

红色文化和商业经营近距离冲撞，出现了一定的违和感。

同时还有往来车辆在此交会，造成人车冲突、环境嘈杂、风貌混乱，破坏了景区本身的自然人文景观，产生这些问题的主要原因在于缺乏对合理缓冲区域的考虑。停车场和景区的缓冲距离考虑尤为重要，原因在于：第一，停车场上车辆类型众多，废气、废渣产生概率高；第二，因面积受限，停车之处即游客下车处，必有卖土特产的小摊贩影响道路通达性，易造成拥堵；第三，停车场距离景区入口太近，增加危险性，例如折多山，停车场和景区无缝衔接，人车混行，安全性大大降低。

（四）景区定位有偏差，整体风貌印象不明显

G318 川藏段沿线拥有众多世界级的景观。按照 STP 策略，每个景区应该有特有的明确定位，和区域内同类型景区形成错位发展，以免游客对该类景区产生审美疲劳和混淆印象，导致旅游资源优势不能很好地转化为旅游产品优势。例如川藏地区的高原湖泊、冰川景区数量较多，会导致游客选择困难和印象雷同。究其原因，主要是缺乏对景区与本地文化之间的价值关系研究以及品牌形象塑造。

五　川藏地区 G318 沿线景区风貌提升策略

根据川藏地区的实地调研情况，按照从宏观到微观的逻辑，本文从四个大方面提出 G318 沿线景区风貌的提升策略。

（一）坚持生态本底，贯彻保护与开发并重的原则

高原生态环境尤为脆弱，一旦遭破坏，修复的时间成本、技术成本难以估量。所以，务必保证有节制地对景区资源进行开发利用，以此维护开发与保护的平衡。一方面，坚持生态本底，既要对川藏地区的高原生态系统本底进行保护和科普宣传，让游客具有生态忧患意识，参与到维护环境中，又要对已破坏的生态环境进行修复。另一方面，利用视线廊道，把不可进入区、易形成破坏区打造成远景或中景，近景则为可进入的、生态敏感度低的区域，让游客与景观资源保持适当的距离。例如，西藏巴松措景区内将结巴村村落景观保护起来，禁止游客进入，但可以沿周边爬山栈道远观，既可以满足游客观景需求，又可以保护村落原生环境，不影响内部居民生活。

（二）制定景区风貌控制导则

按照“梳理在地风貌特征、提炼风貌要素、明确功能定位及分区、制定目标策略、编制风貌控制导则”的逻辑顺序进行风貌控制应用，从而为景区提供风貌协调的建议和方案。例如：划定风貌控制核心区、风貌控制一般协调区、风貌缓冲区、风貌整治区、视线通廊区等重要区块；总结出风貌要素保护和利用方式；提供风貌协调的景观规划设计手法等，并且要注意与城乡整体风貌的结合。

（三）采用“低介入式、高文化性”的景观规划设计方法

旅游资源禀赋高的景区，在景观规划设计上，切忌负担型地、“穿衣戴帽”式地做加法，产生画蛇添足的效果，而应该用低介入式的方法，同时应该根植于景区乃至地方文化，进行风貌细节的塑造。第一，针对文物古迹、历史建筑，秉持“修旧如旧”的原则，对其原生的面貌进行维护；第二，针对自然环境，坚持乡土为主，保护本土植物、动物；第三，针对景观设施，包括铺装路面、阶梯、围墙、堡坎以及路灯、护栏、路牌、垃圾桶等，也应该顺应本地文化，采用乡土材料、本地色彩。这类景观元素的重复出现，对于营造和谐的环境基调、强化风貌的个性特征会起到良好的作用。[①] 例如，沃日土司官寨的路灯可改立柱式为壁挂式，既节约用地又与碉楼建筑群风格统一。再如，甘孜州墨石公园人工干预的痕迹很少，只有道路系统和恰到好处的导视系统，该景观打造方法是尊重当地旅游资源的一种做法，将公园重点放在自然石林景观上，值得借鉴。

（四）加强景区的风貌维护管理

风貌打造不仅局限在硬件条件的提升上，还需要在管理上进行落实，尤其是停车场的管理、人流分散、垃圾处理、厕所管理和服务态度的行为规范，这些环节都会影响游客对景区的直观印象。

---

① 邓楠：《“量身定制”——以小金县城为例试论西部山地城镇风貌解析方法》，《中国艺术》2016 年第 2 期。

六 小结

景区风貌控制对于以旅游产业为主的地区意义重大，其能从层层递进、系统性的要素上影响游客对景区乃至川藏地区的印象和评价。因此，G318 沿线景区应发挥先天的自然、文化基底优势，在空间环境中寻找与发掘“形胜”的精神内涵，针对具体资源情况采取个性化的风貌提升策略，以实现可持续发展。

川藏地区体育赛事与旅游融合新模式的研究

——以四川阿坝藏族羌族自治州小金县为例*

刘　勇　凌小盼**

摘　要：体育赛事作为一种综合性的大型活动，不仅能推动举办地旅游业的发展，还能提升举办地知名度、改善地方形象。从体育赛事的旅游需求和旅游价值角度来看，标志性体育赛事具有较强的旅游吸引力，同时也具有较高的旅游价值。本文以四川藏区小金县为研究对象，通过分析当地体育赛事的概况及其给当地旅游带来的影响，从当地体育旅游资源优势出发，进一步探究川藏地区体育赛事与旅游发展的新模式。四川藏区凭借得天独厚的自然资源优势成为举办山地户外赛事的绝佳选择地。通过打造具有特色的山地户外体育赛事精品，充分发挥区域体育赛事网络优势，利用专业体育赛事人才资源开发

* 基金项目：2019 川藏旅游产业竞争力提升协同创新中心课题“山地探险旅游对川藏村落社会文化影响的感知研究”（项目编号：19CZZX15）；2019 川藏旅游产业竞争力提升协同创新中心课题“嘉绒藏区山地户外旅游发展对策研究——以四姑娘山为例”（项目编号：19CZZX22）。

** 作者简介：刘勇，文化遗产与旅游开发博士，四川旅游学院教授；凌小盼，文化遗产与旅游开发博士，四川旅游学院讲师。

等继续深化山地户外运动赛事的发展，进一步带动当地区域旅游发展，形成特色体育旅游文化，是体育赛事与体育旅游融合实现可持续发展的有效路径。

关键词： 川藏地区　体育赛事　体育旅游

一　引言

体育赛事是以竞技体育为主题，不经常发生或一次性发生的集众性活动，这种活动具有一定的期限性。大型体育赛事不仅能够提升举办地知名度、推动旅游业的发展，还能够对举办地的社会、经济、环境等很多领域产生影响。从体育赛事的旅游价值和旅游需求角度来看，大型体育赛事具有较强的旅游价值，能够吸引大量的游客。[①] 黄海燕认为，大型体育赛事对举办城市相关旅游业的影响体现在三个方面：一是对经济的影响，如外来游客的增加，带动当地的旅游消费，旅游收入增长；二是对城市形象的提升，如城市的媒体宣传会增加，提升城市知名度，标志性建筑会增加，提升城市旅游形象；三是城市旅游空间的更新，如促进举办场地成为特色的旅游景点、主题旅游区，带动周边旅游业发展，使赛场成为旅游集散地，等等。[②] 易剑东等认为，随着对体育运动的本质、功能和价值认识的不断加深，其对地域城市的发展发挥着举足轻重的作用，并成为旅游发展过程中不可或缺的要素，举办高水平的体育赛事成为

① 周海澜、罗露、郑丽：《体育赛事推动体育旅游协同发展研究——以贵州遵义娄山关·海龙囤国际山地户外运动挑战赛为例》，《体育科技文献通报》2016 年第 5 期。

② 黄海燕：《体育赛事与城市发展》，《体育科研》2010 年第 1 期。

旅游地域城市的一种重要宣传手段。[①] 徐文琦等认为，川藏地区拥有大量优质的山地户外赛事资源，特别是阿坝藏族羌族自治州小金县依赖当地得天独厚的自然资源优势，举办多场户外运动赛事，使当地旅游发展拥有了巨大的吸引力、凝聚力和辐射力。[②]

二　研究对象

本文以四川藏区的小金县体育赛事与旅游融合发展的案例为研究对象。小金县位于四川嘉绒藏区，自然资源十分丰富，以四姑娘山国家风景名胜区、国家级自然保护区为代表的风景名胜区，夹金山国家级森林公园，嘉绒藏族民俗风情文化、革命历史遗址构建了小金旅游资源厚重的多元文化底蕴。[③] 该地区地形高低悬殊，随海拔高度的变化，气候变化明显，形成复杂的温带、寒温带、亚寒带、寒带和永冻带的垂直气候带谱，因此该地自然景观多样化，集峡谷、高山、极高山、台地、沟壑、巨峰、飞瀑、湖泊、沼泽、冰川、极地等多种地貌于一体，整个地区表现出雄、奇、峻、秀、幽等不同特征。天然形成的地质风貌，使其拥有丰富的山地户外运动资源，为开展各类山地旅游及户外运动创造了绝佳的场地条件，同时还能够满足初级、中级、高级等各类层次户外活动爱好者的需求。

① 易剑东、任慧涛：《体育产业纳入我国战略性新兴产业的可行性及其潜在进路》，《武汉体育学院学报》2015年第3期。

② 徐文琦、吕璐露、徐承玉等：《我国山地户外运动赛事发展现状与对策》，《体育成人教育学刊》2016年第4期。

③ 张惠珍、魏争光、王金艳：《西部体育文化对区域旅游经济发展的作用》，《兰州交通大学学报》2006年第2期。

三　小金县举办体育赛事发展现状

环四姑娘山超级越野跑始于2014年，于每年11月的第一周在小金县四姑娘山地区举行。赛事赛道全程无铺装路面，平均海拔超过4200米，是目前国内综合难度最高的越野跑赛事，创全球越野跑赛道平均海拔纪录，被誉为全面提升中国越野跑赛事理念的2.0升级版赛事，2017年正式加入国际著名超级越野跑世界巡回赛（UTWT），目前已获得国际越野跑协会、国际天空跑运动联盟、环勃朗峰超级越野跑赛事的积分认证。2018年，第四届环四姑娘山超级越野跑共吸引来自法国、德国、意大利、英国、美国、澳大利亚、新西兰、加拿大、马来西亚、新加坡、墨西哥、俄罗斯、挪威、以色列、日本、韩国、印度尼西亚、中国港澳台等22个国家和地区共计1421人参赛，其中外籍选手212人，与2017年相比参赛人数增加近一倍。连续四届环四姑娘山超级越野跑的成功举办助推四姑娘山景区创建国家5A级景区，助推小金县快速建成国际山地户外运动旅游目的地，助推阿坝南部旅游又好又快发展。

四姑娘山攀冰节于2011年启动，由四姑娘山管理局、小金县人民政府、阿坝州体育局主办，成都领攀登山户外运动学校承办，同时还得到了四川省登山户外运动协会、广东凯乐石户外用品有限公司等单位的大力支持。攀冰节期间通常会举办攀冰培训体验、专业攀冰表演、初级攀冰理论讲座、攀冰竞赛等活动。攀冰节的举办为广大户外运动爱好者提供了一个良好的交流平台，吸引了来自马来西亚、新加坡、美国、巴西等国家和全国各地的200多名攀冰运动爱好者参加，也更好地向外界展示和推广了四姑娘山攀冰等户外资源，为加快四姑娘山建设“户外天堂”品牌奠定了基础。

朝山会是四姑娘山的传统民俗活动，300多年来，每年农历五月初四这天，当地群众都会成群结队，徒步踏着“龙脊”来到这里举行隆重而盛大的朝山会，通过古朴的仪式和欢乐的民族歌舞，祈福斯古拉神山，手捧经幡、哈达，转斯古拉神山，祈祷风调雨顺、五谷丰登、六畜兴旺，祈福祖国繁荣昌盛。为丰富和拓展四姑娘山传统朝山会内涵，展示小金县嘉绒藏族古老厚重的历史文化，引领健康运动的生活方式，2018年6月在朝山会期间，特别举办了2018年四姑娘山千人露营大会暨高原定向越野赛。该赛事为国内高海拔地区的首次定向越野赛，赛道总体走向根据朝山坪山脊背后的四姑娘山大峰、二峰、三峰、四峰的形状而设置，别具匠心，很好地将四姑娘山的地势特色和现代体育竞技相融合。2018年朝山会高原定向越野赛共有400多名选手参加，吸引了来自四川旅游学院、四川师范大学、成都体育学院、成都大学、四川农业大学5所高校以及从事户外运动企业单位的11个专业参赛队参加。该活动将“仪式”与“户外”相融合，助推小金县文体旅融合发展，吸引大量游客来到小金县，相关数据显示，端午节小长假期间，小金县共接待海内外游客37510人次，同比增长1.24%，实现旅游收入2812.97万元，同比增长2.00%。

2018年6月，小金县第四届夹金山越野挑战赛在该县达维镇夹金村开幕。小金县紧紧围绕建设川西藏区“全域旅游先行县、生态经济示范县”的新定位，充分发挥旅游资源和红色文化优势，倾力打造独具特色的“文化+旅游+体育”的小金文旅体育品牌。

截至2018年，该赛事已连续成功举办四届。2018年挑战赛路线从夹金村到海拔4114米的夹金村垭口，全程约17公里，赛事设置打破传统纯马拉松、山地越野跑与纯户外技能挑战赛的比赛模式，将一个个长征事件化为比赛项目，活动项目包含指点江山——拼图、四渡赤水——村落定向、过草地——森林定向，赋予赛事极强的挑战性、趣味性和观赏性，进一步将“长征第一大雪山——夹金山”山地越野挑战赛打造成国内知名的红色体育品牌赛事。第四届小金县越野挑战赛吸引了来自全国专业组竞赛选手40名、体验组选手120名、该县民兵组参赛选手60名共计220名选手参加。通过举办夹金山越野挑战赛小金县打造了国内红色经典户外赛事品牌，为创建“中国山地户外运动基地”奠定了坚实基础，进一步提升了小金旅游的知名度和影响力，让各界朋友更加了解小金、喜爱小金、融入小金，更好更快地推动小金及整个阿坝州的全域旅游发展，也为阿坝州《全民健身实施计划》的实施营造了良好的氛围。

四　四川藏区体育赛事旅游发展优势分析

近年来随着我国综合国力的日益增强和人民生活水平的不断提高，我国体育行业的两大领域——高水平竞技体育和全民健身运动得到了极大发展。体育行业发展到今日，其政治功能越来越淡化，休闲娱乐和健身的功能日益突出。广大人民群众也在经济有所保障的基础上，越来越注重自身的健康问题并不断追求高品质的生活。城市化的发展使人们更加向往户外体验。户外运动因具有挑战性、回归自然、场地的非人工性等特点而成为一种潮流，攀岩、越野、登山、攀冰等单项比赛也逐渐被大家接受和熟悉，逐渐成为富含文化性和娱乐性的体育运动。目前，在实现小康社会的地区，人们的消费层次已从低水平的生存型消费向高水平的发展型消费转变，人们追求的是精神享受和健康促进，普遍向往良好的自然环境，其特点包括风景秀丽、空气清新、依山傍水或能够猎奇探险，拥有独特的人文社会文化，如少数民族地区的风俗民情、山地特有的文化景观等①。同时，随着西部大开发的进行，人们的休闲活动地点开始从经济发达地区转向经济欠发达地区。当沿海地区、中心城市和传统旅游景点的体育旅游资源挖掘日趋饱和时，欠发达地区开发的这些丰富的体育旅游资源将成为人们青睐的对象。② 旅游者可根据自身的兴趣爱好和身体状况，除竞技体育运动以及某些对身体要求较高的运动项目以外，随意参加其中的一项或几项体育活动，就可以从中得到有益于身心健康、愉悦情绪的体育锻炼和娱乐享受，既可以促进身心全面发展，又可以带动当地旅游经济的发展。所以“进山去”已经成了时下的流行词。

更重要的是，我国政府高度重视生态文明的建设，党的十八大报告提出把生态文明建设放在突出地位。③ 建设美丽中国，给子孙后代留下一个天蓝、地绿、水净的美好家园，已经成为国人的共识。④ 户外运动是一项回归自然的运动，其所倡导的积极健康的生活方式及环保理念正好与我党所提倡的生态文明理念相契合。四川

① 白帆、杨芳绒、黄雪红：《生态治理背景下的山地户外运动公园建设》，《环境影响评价》2018 年第 2 期。

② 刘云：《大型体育赛事对区域经济的影响》，《广州番禺职业技术学院学报》2010 年第 3 期。

③ 冯卫：《体育与生态环境》，《广州体育学院学报》2004 年第 2 期。

④ 刘琨瑛、林如鹏：《体育赛事与广州城市文化软实力发展研究》，《广州体育学院学报》2013 年第 6 期。

省多山地区富有的大量“绿色资源”，正是未来新经济模式的理想落脚点。[①] 户外赛事的举办可充分发挥四川户外体育旅游资源优势，开辟绿色、生态、可持续发展产业的新领域、新业态，促进体旅结合，助推体育产业转型升级和当地经济社会大发展。[②]

五　结论

通过这些大型赛事的举办可以看出，位于四川嘉绒藏区的小金县已将体育旅游资源的开发作为拉动区域旅游发展的重要途径之一，体育赛事的举办在推动当地旅游发展方面起到不可低估的作用，体育赛事与旅游融合的新模式也是当地发展经济的一大特色。[③] 目前，我国大部分川藏山地地区经济仍处于一个相对落后的水平，根据区域经济发展的一般规律：一个地区的发展越是处在初期，其对自然资源的依赖性就越强，而经历信息、技术革命后对自然资源的依赖性就会减弱。在此情况下，如何合理利用现有资源以促进当地旅游、经济和社会的和谐发展，是摆在这些地区面前的一个重要课题。当地自然资源优越意味着山地户外运动赛事有极大的发展潜力，许多重要的资源尚待开发，也需要将已开发的资源做得更精致。[④] 然而怎样开发、宣传这些资源，有效吸引投资又是其中

① 王赛楠、焦芳钱：《生态视角下中国户外运动的发展研究》，《体育成人教育学刊》2014 年第 3 期。

② 陈子豪、薛柯、刘思聪：《国内户外探险旅游的发展现状及绿色开发研究》，《旅游纵览》（下半月）2018 年第 8 期。

③ 张永韬：《大型体育赛事对城市（区域）的影响研究述评》，《体育与科学》2013 年第3 期。

④ 彭发胜、莫双瑗：《户外运动赛事对广西百色乐业县旅游业影响研究》，《成功》（教育版）2013 年第 2 期。

的关键问题，举办国际赛事是宣传多山地区、带动以旅游为主的经济发展的最佳选择。[①] 媒体对赛事的大量报道和赛事带来的“地区明星效益”都将吸引众多国内外游客到来，增加赛事举办地的旅游收入。[②] 当然，基于自然资源优势的户外赛事旅游融合发展新模式，为实现可持续发展，也需要进一步拓展新的思路。[③]

综上所述，在小金县举办高水平的户外运动赛事对于举办地和赛事本身来说其实是一个双赢的局面，对于四川藏区其他资源类似地区来说，在如何利用赛事提升举办地影响力上，小金县提供了可借鉴的经验。小金县也可从打造具有特色的体育赛事精品、发展体育赛事塑造城市形象、发挥区域体育赛事网络优势、发展现代体育文化产业集群、提升体育新闻媒体传播效果和重视体育赛事人才资源开发六个方面继续深化山地户外运动赛事的发展，进一步带动川藏地区区域旅游发展，从而形成特色川藏体育旅游文化。

① 张玉兰：《大型体育赛事对秦岭南麓旅游城市的影响分析及策略研究》，《渭南师范学院学报》2015 年第 10 期。

② 张小林、张天成、朱福军：《我国西部地区户外运动资源开发与营销——以重庆武隆国际山地户外挑战赛为例》，《西安体育学院学报》2007 年第 3 期。

③ 易剑东、任慧涛：《体育产业纳入我国战略性新兴产业的可行性及其潜在进路》，《武汉体育学院学报》2015 年第 3 期。

“新天路”建设背景下的川藏康巴文化生态保护与开发对策研究

——以甘孜州为例

司　嵬　杨　杰*

摘　要： 川藏地区拥有璀璨而丰富的民族文化，在川藏铁路、川藏公路、机场航线、信息渠道等“新天路”建设背景下，独有的民族文化的保护和开发工作面临前所未有的机遇和挑战。甘孜州是康巴文化的核心区，也是国家的重要文化和旅游走廊。本文通过分析康巴文化资源的价值潜力，对其保护与开发进行SWOT分析，提出以下建议：布设文化生态保护项目、推进康巴文化区域整体性保护；以“新天路”建设为纽带，加强康巴文化研究与“血脉”传承；加强康巴文化与产业的融合，实现康巴文化的振兴性保护；培育一批康巴文化活动品牌，建立多层次的传播展示交流渠道。

关键词：“新天路”　康巴文化　甘孜州

* 作者简介：司嵬，管理学硕士，四川旅游学院副教授，研究方向为旅游资源开发与规划、旅游标准化；杨杰，法学硕士，四川旅游学院副教授，研究方向为旅游人类学、民族地区旅游开发。

引　言

进入新时代，党中央、国务院提出全面启动川藏铁路规划建设。作为国家大计、民族大计、“两个一百年”世纪工程，川藏铁路是继青藏铁路之后，通往“世界屋脊”的又一条大动脉，是贯彻落实党中央治藏方略的重大举措，也是连接民族、促进发展、巩固国建的“新天路”。[①] 就广义内涵来讲，“新天路”还包括公路、航运，它们与铁路一起构成外部与藏区联系的立体化、多元化的交通体系。[②] “新天路”建设进一步加强了雪域高原与内地的联系，为川藏地区发展带来了前所未有的机遇。[③] 但与此同时，随着交通的改善，现代化进程的加快，外来文化将快速进入川藏地区，传统民族文化将受到不同程度的冲击和影响；传统生产生活模式也不断发生变化，不同程度地影响到民族文化的保护、传承和发展。在“新天路”建设背景下，如何兼顾自然生态、社会人文和现代文明维度，统筹考虑文化资源的保护与开发，将是新时代我们需要思考的问题。

① 解洪：《新时代·新天路·新旅游·新征程——川藏旅游发展的新思考》，第二届川藏休闲旅游发展论坛，成都，2019 年 10 月 24 日，第 3 页。

② 解洪：《新时代·新天路·新旅游·新征程——川藏旅游发展的新思考》，第二届川藏休闲旅游发展论坛，成都，2019 年 10 月 24 日，第 5 页。

③ 解洪：《新时代·新天路·新旅游·新征程——川藏旅游发展的新思考》，第二届川藏休闲旅游发展论坛，成都，2019 年 10 月 24 日，第 5 页。

一 康巴文化基本概念及文化形态概况

（一）基本概念

1. 康巴藏区

康巴藏区是中国三大藏族聚居区之一，位于横断山区的大山大河夹峙之中［包括四川的甘孜藏族自治州、阿坝藏族羌族自治州（部分）、木里藏族自治县，西藏的昌都市，云南的迪庆藏族自治州，青海的玉树藏族自治州等地区］，藏区有典：法域“卫藏”，马域“安多”，人域“康巴”。康巴藏区在中国西南拥有丰富的人文底蕴，甘孜藏族自治州位于康巴藏区的腹地，被称为康巴文化的核心区。

2. 康巴文化

康巴文化是生活在康巴地区的各族人民在漫长的历史发展过程中创造并积淀下来的物质文明和精神文明的总和。作为藏文化的重要组成部分，康巴文化与安多、卫藏的文化有同源异流的关系，同时又有着历史积淀丰厚、内涵博大精深、形态多姿多样、地方特色浓郁的特点。康巴文化的核心是人与自然和谐统一，人与人和谐共处，不同文化和谐兼容。康巴历史和文化是藏族历史和文化的重要组成部分，以康巴藏区和藏族为研究对象的康巴研究（康巴学）是中国藏学的有机组成部分。

（二）康巴文化形态概况

康巴地区处于青藏高原向川西台地和云贵高原过渡地带，大渡河、雅砻江、金沙江、澜沧江、怒江自北向南穿越全境。由于青藏高原经川西台地向内地缓慢降坡，横断山上的一个个山坳缺口，构成了东西向的较为便捷的迁徙通道，这两条通道十字交叉展开，形成了历史上的中国西部“民族大走廊”。在漫长的历史进程中，不少经“民族大走廊”迁徙的人群在这一区域内滞留、交会，在长期的互动交流过程中，逐渐发生文化的相互渗透、交融，从而形成了康巴地区多元、包容、复合的文化。从主要亚文化看，康巴文化包括南亚丝绸之路（茶马古道）文化、格萨尔文化、嘉绒文化、木雅文化、香巴拉文化、游牧文化、扎巴文化、帕错文化、彝文化等。

由于河流与山川的分割，整个地区形成了一个个相对独立的地理单元小环境，造就了区内生物的多样性，生物的多样性必然造成人们生产、生活的差异性，自然也就导致区内文化的多样性。[①] 从而形成一个个彼此独立的文化聚落，“相对可闻声，见面要十天”。这种特殊的地理环境使某些传统古老的文化得以完整地保留下来，成为极其珍贵的文化活化石，这也使得我们今天还可以看到康巴地区众多“语言孤岛”和多彩各异的服饰、建筑等。

二　甘孜州康巴文化价值潜力与评价

为挖掘和评估甘孜康巴文化价值和潜力，更好地实施保护和开发，笔者对甘孜州文化广播电视和旅游局、康巴文化研究院进行了

① 杨嘉铭：《康巴文化综述》，《西华大学学报》（哲学社会科学版）2008 年第 4 期。

走访及调研，收集整理相关数据，并对其文化价值潜力进行判断。

（一）数据统计

甘孜是文化遗产资源大州，截至 2019 年底，拥有世界级非物质文化遗产项目 4 个、国家级非物质文化遗产项目 24 个、省级非物质文化遗产项目 83 个、州级非物质文化遗产项目 180 个；甘孜州非物质文化遗产传承人总量 2 万余人（其中国家级非遗传承人 12 人，省级传承人 64 人，州级传承人 300 人）；甘孜州拥有国家级传统村落 13 个、国家级历史文化名村 1 个、省级传统村落 118 个、省级历史文化名镇 1 个；有民间艺术之乡 23 个、特色文化之乡 1 个、文化古镇 2 个；有非遗集中连片区域 11 处；甘孜州还有全国重点文物保护单位 18 处、省级文物保护单位 71 处、州级文物保护单位 208 处、县级文物保护单位 869 处。[①] 甘孜州世界级、国家级非物质文化遗产项目数量及各级各类重点文物保护单位总量均位列四川省第一位。甘孜州是四川省乃至全国非物质文化遗产重点聚集区、非物质文化遗产保护工作重点地区。

（二）价值潜力与评价

1. 甘孜州地处康巴藏区的腹心地带，是康巴的核心构成部分

甘孜州全域范围属于康巴藏区，是四川省唯一全域范围都在康巴文化地域的市州，且位于康巴文化地域的腹地。

---

① 甘孜州文化广播电视和旅游局：《四川省甘孜藏族自治州申报藏族文化（甘孜州）生态保护实验区资源情况汇报》，2019，第 4 页。

2. 甘孜州是康巴文化形成及遗存的重要地带

甘孜州所处区域是纵贯南北的“民族走廊”和东西的“茶马古道”的交会处，也是大渡河、雅砻江、金沙江流域经过最多的地方。川藏茶马古道—甘孜段是整个川藏茶马古道的腹心地带（主线），历经长时间的交融汇合，茶已成为连通内地和边疆民族的重要载体，而茶马古道也成为一条极其重要的交通纽带，在民族文化的交流、商贸交往以及民族团结等方面发挥着重要的作用。各民族文化在此相互交融、影响，从而造就了甘孜多元、包容、复合的康巴文化，成为极其珍贵的文化活化石。

3. 甘孜州是历史上民族文化融合与经济交流的中心

历史上，自宋代以来，中央王朝推行“茶马互市”经济政策与贸易活动，四川在今汉源设互市之所，开通了由汉源经泸定化林坪、冷碛、磨西，翻越康定雅加埂至关外、入藏的茶马古道。[①] 康定成为茶马互市的最重要中转枢纽，影响极大，1928 年国民政府发布的《全国商会条例》定出的全国三大商埠分别是上海、武汉、康定。[②] 各地商旅纷纷云集于此，多元文化逐渐发育壮大。甘孜独有的“锅庄文化”，是茶马古道文化的代表性表现形式；作为高度浓缩了贸易繁荣与诚信交易的人性优秀传统文化，茶马古道文化成为世界人类非物质文化遗产。

4. 甘孜州康巴文化具有世界罕见的文化代表性和影响力

甘孜州拥有县级非遗项目 297 个；全国重点文物保护单位 18

① 曹燕：《民族走廊的意义》，《甘孜日报》2014 年 6 月 2 日，第 Z02 版。

② 张黄荣：《康定：一座因为情歌而闻名的城市》，搜狐网，https://www.sohu.com/a/123501227_119858。

处、省级文物保护单位71处、州级文物保护单位208处、县级文物保护单位869处、文物点3520余处；[①] 国有馆藏珍贵文物3000余件，遍布全州各县的藏传佛教寺庙532座，五大教派共存，寺庙文物数万件。[②] 第十二代土司曲吉登巴泽仁修建的德格印经院，珍藏各类典籍830余部，木刻印版30万余块（其中古印版228814块），字数达5亿之多，世界绝无仅有。[③] 目前，德格印经院被列入中国世界遗产预备名录，已启动德格印经院申报世界文化遗产、德格印经院古印板申报“世界记忆遗产名录”工作。德格印经院浩瀚的印版、典籍对于研究藏族历史、政治、经济、宗教、医学、科技、文学、艺术等具有极高的学术价值，其位列藏区三大印经院之首，被公认为是“藏族文化宝库”。甘孜的康巴文化遗产在中国乃至世界有着广泛而深远的代表性和影响力。

5. 甘孜康巴文化异彩纷呈，形成了极其珍贵的活化石

甘孜州是“情歌故乡”，早在20世纪三四十年代，联合国教科文组织就把《康定情歌》列为世界十大民歌之一，并把它作为中国最重要的民歌向世界各国推荐。为保护优秀的歌舞文化遗产，甘孜州歌舞数据库建成，包括图片库、音频库、词库、曲库、视频库，包括弦子锅庄2000余首，山歌1800余首，藏戏8部、图片10000余张，视频资料80余小时，是目前中国乃至世界最大、最完备的民族文化歌舞数据库。甘孜州语言文化独特，主要有安多语、德格语、嘉绒语、木雅语、鱼通语、道孚语、扎巴语、尔苏

① 甘孜州文化广播电视和旅游局：《四川省甘孜藏族自治州申报藏族文化（甘孜州）生态保护实验区资源情况汇报》，2019，第4页。

② 甘孜州文化广播电视和旅游局：《甘孜州文化资源梳理》，2019，第2页。

③ 甘孜州文化广播电视和旅游局：《甘孜州文化资源梳理》，2019，第2页。

语、纳木义语、普米语和曲域语等，其中德格语被视为标准康巴方言。历史的积淀造就了世界上众多的“语言孤岛”，形成了极其珍贵的文化活化石。其中“雅江倒话”已被列为世界濒危语种，在国际语言学界产生了很大的影响。“雅江巴德话”已被纳入中国语言资源保护工程。康巴服饰色彩艳丽、配饰独特，俗称“康装”，可分为康北农区服饰、康南农区服饰、木雅服饰、嘉绒服饰、牧区服饰五类。康巴民居建筑具有浓厚的藏民族风格和强烈的地域特色，被称为“康巴名片”。丹巴县古碉群已被列入世界文化遗产名录。从结构来看，康巴建筑大致分为石木、泥木、木、混合、纺织5种类型。康定的川西风格，道孚的雕梁画栋，丹巴的嘉绒古碉，康定的木雅砌石，乡城的白色藏房，稻城的黑门黑窗，德格的崩柯建筑，新龙的石板藏寨，等等，各地都有各自的特色。

6. 甘孜康巴文化高度聚集，新时代创新传承突出

四川甘孜州德格县麦宿片区三个集中乡镇（达玛镇、普玛乡、岳巴乡）拥有各类非遗项目11个，其中：国家级非遗项目3个（德格印经院雕版印刷技艺、南派藏医药、嘎玛嘎孜唐卡）；省级非遗项目4个（塑像制作技艺、土陶制作技艺、木雕制作技艺、金属锻造技艺）；州级非遗项目4个（藏族牛羊毛编制技艺、藤编制作技艺、藏戏面具制作技艺、干酸菜制作技艺）。有各类各级非遗代表性传承人37人。该片区产业化业态丰富，汇聚了唐卡、藏医药、土陶、木雕、塑像、藤编、金属铸造、牛羊毛工艺等14种业态，展馆林立，产销一体，建立了“企业+合作社+农户+民间手工艺”的经营模式，实现非遗工艺的活态传承，真正展现了“见人见物见生活”的画卷。该区以此为载体，共有文化产业企业（园

区）3家，个体户20余家，作坊300余所，形成了"家家有作坊、人人做传承"的景象，还原了"高原藏区一个民族手工艺时代"的现象。[①] 该片区结合甘孜州全域旅游发展，形成了非遗文化与旅游业、与手工业、与民宿业的深度融合，全片区共有半工半农及相关手工艺从业者2000余人，据初步统计，年产值达6500余万元。该片区形成了"德格麦宿非遗手工艺街区"模式，推动了非遗特色小镇建设，成为民族艺术民间工艺传承发展的载体空间和旅游特色村镇，是康巴文化整体性保护与传承的典型示范区。

三 "新天路"建设背景下甘孜州康巴文化保护与开发的SWOT分析

（一）优势

甘孜州是新中国成立的第一个民族自治州，地处康巴藏区的腹心地带，及川、滇、藏、青四地接合部，是内地通往四地藏区的桥梁，也是我国沿海和内地自古以来经西藏通往印度、尼泊尔、缅甸等南亚国家的重要路径之一，具有"坐中连四、西出北上、多边开放"的独特地缘条件。在新时代背景下，甘孜州是国家不可缺失的"走廊要道"和"战略支点"。[②]

甘孜州是康巴文化的核心区，纵贯南北的"民族走廊"和纵

① 甘孜州文化广播电视和旅游局：《四川省甘孜藏族自治州传统工艺振兴的"甘孜现象"》，2019，第3页。

② 陈忠义：《试论甘孜州融入国家"一带一路"战略的契合定位和现实路径》，《四川民族学院学报》2015年第6期。

贯东西的“茶马古道”在甘孜区域交会，在此相互交融、影响，从而造就了多元、包容、复合的康巴文化。甘孜州康巴文化保留了大量古老的历史遗存，并与世界上最美的自然风光景观荟萃，甘孜州因此成为康巴文化的核心沉积带，成为世界上独具魅力、丰富多样、保存最完整的文化生态区域之一。

（二）劣势

康巴文化传承保护人才队伍力量薄弱。由于生活的需要以及自身素质的提升需求，当地许多民众选择外出务工和求学，这导致青壮年人口减少，让本就珍贵的康巴工艺“后继无人”；并且目前全州现有的从事文物保护管理的专兼职人员中，文物专业院校毕业的人员较少，州县在职文物保护管理干部近一半不具备大专以上学历，因缺乏专业人才，全州非遗保护的科技水平较低，亟待加强提高。[①] 康巴文化依托的场所及环境也有生态脆弱的特点，受特殊的地理位置及极端的气候条件的影响，甘孜州生态环境本就十分脆弱，加之一些古村落、遗址因地震等自然灾害而遭到不同程度的损坏。同时受全球气候变暖以及人类活动干扰，特别是草地超载过牧的影响，甘孜州天然草地退化加剧、水土流失严重，生态功能呈现逐步恶化的趋势。因此，对生态环境的保护迫在眉睫，设立康巴文化生态保护实验区可以在保护非遗资源的同时对其所依托的环境进行合理保护。

---

① 《全国政协调研组到甘孜州调研川藏铁路建设与沿线生态环境保护》，中国公益新闻网，http：//www.cpwnews.com/index.php？m=wap&siteid=1&a=show&catid=25&typeid=24&id=30722。

（三）机会

由于地理环境特殊，川藏地区文化保护和开发在很大程度上受交通条件制约，沿川藏公路进藏，须翻高山、跨急流，路途艰辛且多危险，很多康巴文化地区是“可见而难入”。川藏铁路开通后，轨道交通高速度、高密度、高稳定性和高安全性的优势充分显现，沿线康巴文化地区的可进入性也大大提升。川藏铁路将沿线康巴文化资源开发串联起来，改变了过去小点位、孤立开发和同质开发带来的吸引力不足的局面，通过对沿线文化资源的系统谋划、整体开发，将进一步增强川藏康巴文化对游客的吸引力。川藏铁路将为藏区带来现代文明之风，届时文旅接待水平、接待能力和旅游品质都将大幅提升，也将加快冰雪温泉、自助旅游、红色旅游、山地探险、科考研学等现代旅游新业态发展，进而吸引更多国内外游客前来参观体验。

（四）威胁

随着现代化进程的加快，尤其是川藏铁路、川藏高速、州内六大机场的建成，甘孜州的可进入性加强，外来文化将快速进入，传统文化将受到不同程度的冲击和影响。随着社会经济和物质生活水平的不断提升，传统生产生活模式也不断发生变化，不同程度地影响到对康巴文化的保护、传承和发展。许多传统手工艺、民间口头传统、传统歌舞等在不同程度上出现后继乏人、传承断链等濒危状况，亟待抢救整理并做系统性整体保护。

四　康巴文化生态保护与开发的对策建议

1. 规划引领，以“新天路”为构架推进对康巴文化区域的保护

随着川藏铁路、川藏高速的修建和未来甘孜州内六大机场的建成，“新天路”建设背景下的甘孜州文化生态的繁荣将迎来前所未有的机遇。交通的改变，将大大增加甘孜内部地区之间以及内部与外部地区的文化交流互动，使康巴文化能够更快速地呈现在世人面前。甘孜州的康巴文化生态发展，须紧紧依托“新天路”构架，处理好文化生态环境保护与交通项目推进之间的关系，将康巴文化“以线串点”“以点带片”地串联起来，实施整体性保护，建立康巴文化（甘孜）生态保护实验区，充分发挥整体性文化生态资源优势，布设凸显甘孜特色的文化生态景观带，做出前瞻性、匹配性、整体性的文化生态保护规划，为建设高原绿色铁路和人文生态走廊做出贡献，借助“新天路”建设契机传承藏民族优秀传统文化。

川藏铁路及公路规划建设之初就非常强调生态环境保护，提出要建设“绵延千里的绿色交通走廊”。甘孜须积极推进川藏铁路、川藏公路沿线的康巴文化自然资源与人文生态空间的保护与开发，打造一批历史文化名镇（村）、传统村落、民间艺术之乡、文化古镇等，推进对康巴文化的整体性保护，维护文化生态系统的平衡与完整。在线路上，积极推进标志性的康巴文化展示传播中心、非遗传承场所的体验性开发，建设多种形式的非物质文化遗产专题展示馆和传习所，保护康巴文化赖以依存的自然资源和人文生态环境。

2. 以“新天路”建设为纽带，加强康巴文化研究与“血脉”传承

“新天路”建设拓宽了外界与川藏地区的信息交流渠道，成为对外开放的支点。甘孜地区作为康巴文化核心区、南亚丝绸之路（茶马古道）的主线，应依托“新天路”建设背景加大对古今沿线康巴文化研究的力度，借助通道的力量增强康巴文化在国内及国际上的影响力。如：广泛吸纳中外有关学术研究机构、大专院校、企事业单位、社会组织、个人等各种社会力量，形成合力，共同开展甘孜州康巴文化研究；举办各种形式的保护研讨会、经验交流会、论坛等，建立长效的康巴文化研究发布与交流平台；依托民族类大学等科研机构，发布康巴文化研究课题，整合研究成果，促进相关学术成果的实际应用与共享，从多方面提高康巴文化的挖掘力、影响力。

人是康巴文化传承与保护的重要因素。在建设新的快速交流通道的同时，应积极探索家族传承、团体传承、社会传承、学校传承等多种传承方式，依托信息技术逐步建立起多元化、多层次的传承人数据库。通过举办大赛进一步挖掘和发展传承人。依托高校的学术资源和人才优势，实施传承人群研培计划，帮助广大传承人群提高传承实践能力。聘请国家级、省级、州级代表性传承艺人老师“进课堂”进行技艺传授，培养“隐形”的文化传承人。同时随着交通格局的变化，可打造一批康巴文化研学旅游基地、研学实践教育基地，与各学校联合开设实训基地，支持组织设计师、专家、相关高校教师、非遗代表性传承人等作为研学导师，到本地开展讲习、实践教学、交流、研讨等各类活动，实现康巴文化的时代创新传承。

3. 依托“新天路”建设加强康巴文化与产业的融合，实现康巴文化的振兴性保护及开发

交通的改变，能够及时输入和输出产业要素，将推动川藏地区产业的大发展。甘孜应发挥康巴文化遗产的独特优势，培育一批特色文化产业项目，加快文旅融合发展，实现非物质文化遗产的创造性转化和创新性发展。通过交通条件的改善，实施康巴传统工艺振兴计划，对具备一定传承基础和生产规模、有发展前景、有助于带动就业的传统工艺项目进行重点扶持，输出康巴工艺产品。积极依托内部交通的提升，带动精准扶贫、乡村振兴，扩大整合康巴文化集中片区。技艺类非遗项目可采用商业化手段进行开发利用，如：建设康巴文化产业聚集区、非遗保护传承体验基地等。结合当地旅游业打造特色文化旅游纪念品，塑造康巴文化文创产品 IP。做精做强唐卡、康巴服饰、黑陶、泥塑、牛羊毛编织、金属锻造、木雕、藤编等产品，提升产品品质，增强市场竞争力。大力推广和开发康巴特色餐饮，形成独特的藏餐体系和品牌。借助旅游通道的力量，实施康巴非物质文化遗产与旅游融合提升工程，通过景区开发、舞台表演、现场体验、节庆活动、商品展销、宣传展览等多种方式促进非物质文化遗产与旅游产业深度融合。建设文旅融合发展示范基地项目，在具备条件的历史文化街区和自然、人文景区设立一批康巴风情街、民俗文化旅游风情村、游牧部落文化体验园区等项目。支持艺术团体和演艺基地的孵化，依托各地非物质文化遗产资源创编文化内涵丰富、适应市场需求的具有地域民族特色的演艺剧目，借助“新天路”建设大力宣传康巴文化，扩大康巴文化遗产项目的社会影响力。

4. 培育一批康巴文化活动品牌，依托"新天路"建设多层次传播

立体化的交通将为甘孜文化交流搭建大平台，能够更好地满足外界与民族地区进行文化交流的需求，而举办丰富的民俗活动、节日节庆将是对接交通带来的大量人流并与之互动的良好手段。甘孜可充分利用非物质文化遗产资源和康巴多姿多彩的民族风情，培育和打造一批特色文化活动品牌，提倡"一县一品牌""一县一特色"，形成品牌带动效应。首先，继续做好成都国际非遗节等重大活动的承办工作，扩大甘孜州在非遗保护工作中的影响力。其次，精心做强一批传统节庆活动，如"康定情歌节""丹巴嘉绒风情节""四月八转山会"等，使其成为丰富广大群众文化生活、传承康巴文化的载体和亮点，打造康巴文化节庆品牌。最后，依托"新天路"建设的历史及时代背景，定期举办"文化遗产日"、"文化和自然遗产日"、文博会、手工艺大赛等活动，实行跨地区的资源整合与共享，共同打造甘孜地区的传统文化艺术品牌，使之成为康巴文化展示的重要窗口，通过"新天路"建设扩大康巴文化在国内及国际的影响力。

“宴遇”川藏路：西藏餐饮为川藏公路沿线经济发展赋能

褚立群 *

摘　要：西藏自治区烹饪餐饮饭店业协会自2003年成立以来，充分发挥行业协会优势，立足西藏，找准定位，多措并举，真抓实干，努力为西藏烹饪餐饮事业和饭店业创造一个良好的成长环境，并取得了丰硕成果。在抓好全区工作的同时，协会精心打造川藏公路这张西藏旅游名片。一是致力于专业队伍素质的提升和领军人才的塑造，通过组织参加全国性专业比赛和技术认证，推出一批获得国内行业顶级资格证书和荣誉的拔尖人才，重点扶持师门传承，使西藏餐饮业整体形象与实力得到提升。二是继承与创新并举，发掘整理传统藏菜，积极研发新菜品，使藏菜被正式列为“中国菜”省籍地域菜系，并采取多种方式加以推广。同时扶持食材基地建设，促进公司、基地、农户合作多赢。三是结合行业扶贫，对川藏线农牧民进行专业培训，引导就业，使农家乐和路边店数量增加，服务水

* 作者简介：褚立群，西藏自治区工商联（总商会）副会长，西藏自治区烹饪餐饮饭店业协会会长，中国饭店协会常务理事，研究方向为创业融合藏菜。

平提升。四是把藏菜文化提升到核心竞争力高度，注入健康理念，展示民族风情，讲好西藏故事。

关键词： 川藏公路　西藏餐饮　旅游扶贫

弘扬民族餐饮文化促进地方经济发展，是行业协会义不容辞的责任和义务。对于西藏的餐饮饭店企业和每一位西藏餐饮饭店从业者来说，2003 年是一个历史性的纪年。那一年 10 月，西藏自治区烹饪餐饮饭店业协会正式成立。只有播种善良的种子，才能结出美丽的花朵，为了使西藏餐饮饭店行业走向高质量、高水平发展，西藏自治区烹饪餐饮饭店业协会的每一位工作人员都恪尽职守，16 个分支机构协同合作，共同承担起社会中介组织的职责。多年来协会立足西藏，找准定位，多措并举，真抓实干，努力为西藏烹饪餐饮事业和饭店业创造一个良好的成长环境，并取得了丰硕成果。

川藏线既是西藏连接内地的促进经济文化交流的大动脉，也是游客领略川藏风情的首要选择。为赋予西藏这张旅游名片实实在在的内涵，我们充分发挥行业协会优势，精心打造，不遗余力。

一　搭建平台，提升行业服务水准

餐饮业是旅游发展的重要组成部分，一个地方餐饮品质的高低，既取决于硬件设施的好坏，更取决于行业技术和管理队伍的专业水平的高低。过去西藏的餐饮业外来商家与本地商家缺乏相互借鉴渠道，人才得不到发现，技术少有交流和有效传承，名家名人只有口口相传，知名度不高，严重制约着餐饮业健康发展。协会成立后，致力于专业队伍素质的提升和领军人才的培养，使西藏餐饮业整体形象与实力明显提升。

1. 让优秀人才脱颖而出

经过组织培训与层层筛选，协会先后带领区内优秀行业从业人员前往全国各地参加中国烹饪协会、中国饭店协会、世界厨师联合会等单位举办的“中国厨师节”“中餐烹饪世界锦标赛”“FHC 中国国际烹饪艺术比赛”等活动 30 余次，参加人数有 360 余人，200 余人分别获得“中华金厨奖”“中国名厨白金奖”“中国烹饪大师金爵奖”等奖项。共有 11 位成功通过注册中国烹饪大师审定，12 位通过注册中国烹饪名师审定。这是西藏餐饮工作者的荣耀，也是国内外专业人士对西藏美食的肯定和赞扬。这些拔尖人才中有相当一部分在川藏线上置业或独当一面。

2. 倾心护航藏菜师门传承

地域性、民族性是西藏餐饮业立足发展和吸引游客的根本。历史上藏菜因地域、食材和习俗基本形成了姜、荣、卫藏三大体系，但缺乏系统性传承，在西藏域外知名度有限。为打造藏菜品牌队伍，增强市场核心竞争力，通过甄选传承领军人物，协会着力扶持以传统藏菜为代表的拉巴次仁师门和以创新融合藏菜为代表的沈斌师门。帮助他们立门规、建机制，注入现代管理理念。在此基础上，鼓励他们广开师门，积极培养传承有序、勇于创新的专业队伍。几年来他们的门徒像一颗颗被赋予生命力的种子源源不断地撒向川藏线及西藏各地。

3. 助力空降酒店接地气

随着西藏旅游热的兴起，全国各地的投资者蜂拥而至，建酒店开餐馆，可以说硬件档次不亚于发达地区，对西藏旅游品质的提升起到了极大的支撑作用。为帮助他们尽快服水土接地气，我们积极发挥行业协会的职能作用，指导与服务并重，宣传西藏行业政策和制度规范，传递行业信息。针对这些企业规模普遍较大，从业人员的基本素质和烹饪技能相对较高的特点，鼓励其在发挥自身优势的基础上，有机引入西藏各地区民族元素。与此同时，协会积极提供藏菜技能和民俗礼仪服务培训，推介经典藏菜和食材，疏通与本地同行交流借鉴渠道，助力他们融入当地环境，使来川藏线的游客在享受现代饭店硬件服务的同时，也能在住宿地吃出西藏的民族风情。

二　推陈出新，唱响藏菜最强音

一方水土，一域滋味，川藏线上的雪山圣湖令人流连忘返，川藏线上的美食美味同样吸引着游客的目光和味蕾。西藏餐饮以其独特的食材配比和烹饪技巧，多年来赢得了当地消费者和来藏观光游客的青睐。藏菜从历史走来，虽然有着明显的高原特点，且带有几分神秘，但由于研究整理不足，过去一直停留在家庭式的制作状态，加工手段自然朴实，菜品种类较少，享誉度不高，没有形成单品的规范和体系，更少有推陈出新。协会成立后，及时组建了藏菜研发中心，专注于藏菜的整理、研发和推广。

1. 让藏菜登上大雅之堂

几年来，藏菜研发中心收集翻读大量史料，走餐馆，进厨房，访名师，品味道，从食材选用、烹制流程、餐具定制、宴席配搭等全方位立规建制，用现代理念使藏菜分科归系。从藏菜传统的“红食”“白食”[①]“博食”“养食”“医食同源”“药膳同功”[②]到《四部医典》[③]，展示了西藏烹调原料的丰富资源，依据医学理论为西藏饮食文化的传承奠定了基础。近年来，西藏自治区旅游局编写的《藏餐菜谱》[④]、青海民族出版社出版的《藏族常用饮食辞典》、西藏自治区劳动和社会保障厅联合西藏自治区烹饪餐饮饭店业协会编写的《学藏菜长本事》[⑤]慢慢揭开了西藏餐饮的新篇章，使西藏这一“绿色饮食王国”名扬全国，并逐渐形成一个全新的藏民族饮食文化体系。

与此同时，在充分利用西藏特有食材和烹饪技术的基础上，协会主动吸收全国各菜系优点，甚至引入国外烹调技术，大胆试验，巧妙融合，先后系统性整理传统藏菜200道，新研发藏菜300道，不断丰富着独具西藏特色的藏菜宝库。通过不懈努力，目前西藏有10道特色美食和6台宴席分别被评为中国省籍地域“十大经典名菜”“六大主题名宴”。藏菜被正式列为“中国菜”34个省籍地域菜系之一，对于藏菜历史发展具有里程碑意义。

2. 加快成果转化与推广

研发新菜品的终极目标就是丰富食客眼前的菜单，进而增强藏

① 《四部医典·论述本集》藏医食养中服食的肉类泛指“红食”，可直接饮用的牛羊的奶或以其制成的奶制品泛指“白食”。

② 丁玲辉：《西藏传统养生体育文化》，西藏人民出版社，2005。

③ 《四部医典》是一部集藏医药医疗实践和理论精华于一体的藏医药学术权威工具书，被誉为藏医药百科全书，为藏医药学中最系统、最完整、最根本的一套理论体系。

④ 《藏餐菜谱》是西藏自治区旅游局编写出版的西藏第一本旅游类菜品指南。

⑤ 《学藏菜长本事》是西藏自治区劳动和社会保障厅等组织编写的，由中国劳动社会保障出版社出版，本书为藏区第一本专业藏菜烹饪教材，本文作者参与了本书的组织、策划、编写工作。

菜的市场竞争力，使从业者增收。为此我们以市场为导向，每一项新成果都及时推介到酒店餐馆，接受食客品鉴，广泛征求意见，不断调整优化。根据地域不同，与各地政府联合打造地方品牌，先后共同研发“扎西德勒迎宾宴”“林芝松茸宴”“日喀则珠峰宴”“雅江席”“岗巴羊全羊宴”“工布江达藏猪全宴”等地方名宴并成功进行成果转化。同时，配合相关部门组织开展了“拉萨雪顿节阿妈啦厨房擂台赛”“林芝松茸美食节”“林芝桃花节特色美食展”“昌都市康巴文化艺术节美食街”“日喀则珠峰文化节旅游特色宴席大赛”“山南雅砻文化节雅砻好味道厨艺大赛”等一系列具有浓郁民族风格的美食品鉴推广活动，扩大了消费者的参与范围，有效提升了藏菜的美誉度，也提高了名店名厨的知名度。协会通过形式多样的宣传推介活动和建立新菜品研发成果的共享机制，使藏菜呈现出“一处开花四方结果，食客常来常新”的繁荣景象，使游客有一种“走过川藏线，等于食遍全西藏”的感受。

3. 增加地域食材附加值

西藏特别是川藏线有许多高原特有的食材，如：昌都市洛隆糌粑、类乌齐牦牛肉、八宿荞麦、盐井葡萄酒；林芝市朗县两椒、两桃，工布江达县藏香猪、野生松茸，墨脱石锅、米林蜂蜜，波密天麻、易贡菜籽油、察隅鸡爪谷等。以前，这些食材多为零散式的自产自销，季节性强，且开发利用深加工不足，甚至出现一边食材滞销、一边饭店无货可选的局面，直接影响了农牧民增收。鉴于此，我们本着因地制宜、发挥优势的原则，坚持行业扶贫与产业扶贫相结合，关注和培育特色食材基地建设与发展，联合行业众多品牌企业先后在全区建立了“昌都市类乌齐牦牛肉食材供应基地”“林芝市波密天麻”“林芝市工布江达藏香猪食材供应基地”“林芝市巴松措松茸基地”“日喀则市岗巴羊供应基地”“山南市洛扎藏鸡供应基地”等各类特色食材基地10余个，其中川藏线区域4个。通过支持和鼓励优势企业进行产品深加工，提升产品质量和附加值，指导企业提高管理和营销水平，积极为产品在区内外市场销售牵线搭桥，较好地促进了公司、基地、农户合作多赢，进而保证了藏菜原材料的高品质和足量供应，也使游客看得到、买得到、吃得到货真价实的西藏特色菜。

三　着眼基层，为农牧民置业赋能

农家乐和路边店对于域外游客来说是体验乡土气息的首要选择，然而过去由于设施简陋，菜品单一，卫生条件较差，从业人员专业素质参差不齐，加之语言交流不畅，使游客望而止步。针对这一状况，我们一边深入沿线实地调查了解存在的问题，一边主动与当地政府及相关部门对接，交流看法，提出措施，达成共识。从提高人员专业技能和综合素质入手，结合行业扶贫，积极开展工作。

1. 有针对性地开展培训

协会采取在拉萨现代服务业职业技能培训学校集中培训与就地设点培训相结合的方式，先后举办各类实训36期，其中16期为送教下乡，安排48位教师上门授课。培训内容包括国家通用语言、食品安全法解读、经营管理、原材料鉴别、制作工艺、操作规范、服务标准、管理模式、创业课程等，使参训人员的从业技能基本素养得到了规范与提升，服务水平明显上了一个台阶。

2. 引导就业

协会在全区建立的“理想信念教育实践基地+协会创业扶持基地”共21个，其中川藏线上12个，使川藏线上参训的18000名城镇失业人员和农牧民转移就业人员中，有13000余人解决了就业问题。引导扶持的创业学员有300余人，创业项目涉及家庭旅馆、藏餐馆、馒头店、甜茶馆等成本小、收益快的经营类型。这些参训过的学员分布在川藏线上，满足了旅游者“玩在川藏线，吃在川藏线”的基本需求。

3. 持续跟进

为使创业者的创业项目健康持续发展，协会进行了不定期进店入户回访，了解其经营中遇到的困难，指出存在的问题，有针对性地提出改进意见，及时传达行业和市场新信息。尽协会所能，让新生代农牧民创业者在川藏线上生根、开花、结果。

四　提高站位，赋予餐饮业文化内涵

文化远不止写进书本的文字。所谓一方水土养一方人，在历史长期积淀中文化渗透于一个民族的方方面面。西藏民族历史悠久，有着很深的文化底蕴，藏民不仅能歌善舞，而且在衣食住行方面有着强烈的民族特征。人们大多通过各种传媒对西藏文化有粗略了解，然而很少能够去切身体会。食，作为旅游业的重要组成部分，应当也必须在弘扬民族文化中有所作为。为此，我们坚持以地域性、民族性、健康性、唯一性、渗透性为理念，努力将西藏民族文化融入餐饮服务的方方面面。

1. 讲好西藏故事

一道经典菜品的形成往往伴随着一个地方和一个民族的历史变迁，甚至奇妙地与某个人物或某一个历史事件相联系。所以，我们在研究整理传统藏菜的过程中注重发掘其产生发展过程和附着其上的传说与历史故事，通过多种渠道传导的方式让餐饮从业者以及更多人会讲藏菜故事，在一次次接待中使来客在谈笑间品尝到菜品以外别样的西藏历史文化滋味。

2. 注入健康理念

西藏食材有着独特的绿色天然性，且具备一定的食补性和食药性。从卫生健康的需要出发，我们在专业培训中，要求从采摘到餐桌，每个环节都有独到的讲究，合理搭配食材，通过独特的烹制方法，使游客在西藏这方净土上吃出天然、吃出健康。

3. 展示民族风情

从餐厅的布局、设施、歌舞、礼仪、餐桌餐具、用餐的讲究等方面进行规范，立足川藏线游客的需求，打造川藏线独特的饮食文化亮点。

个人的力量汇聚成团队的荣耀，团队的荣耀也在不断激励着每一位餐饮工作者继续努力，不断奋斗，在今后凝聚起共奋进、谋发展的磅礴力量。西藏的餐饮行业将进一步探索有中国特色、西藏特点的发展思路，继续深入学习实践科学发展观，围绕党和政府的中心工作，做好藏菜的传承与开拓工作，西藏是世界旅游目的地、世界第三极，西藏的餐饮必将成为一张靓丽的名片。

案　例　篇

追求极致　提升体验：塑造营地行业的标杆

——林芝市华侨城打造高端营地的探索与思考

周智勇　王一工　何亮辰*

摘　要： 林芝华侨城南山国际汽车营地（以下简称“华

*　作者简介：周智勇，成都市星评员，香港理工大学酒店及旅游业管理硕士，高级经济师，美国注册饭店高级职业经理人，迈点网特约评论家，环球旅讯特约评论员；王一工，毕业于广州大学酒店管理专业，从事酒店业投、融、建、管、退全过程工作近30年，现任林芝市华侨城南山旅游投资发展有限公司董事、总经理，主持本案例营地立项选址、规划设计、建设筹开、运营管理工作；何亮辰，四川旅游学院讲师，旅游酒店管理博士，研究方向为灰色旅游、酒店辱虐管理、破坏性领导行为、旅游资源开发。

侨城汽车营地”或“汽车营地”）是广东省重点异地产业扶贫项目。针对国内汽车营地发展的现状，华侨城汽车营地在建设发展过程中，始终立足高端精品的市场定位，通过以下举措形成特色化经营：第一，坚持绿色发展、生态发展，注重保护自然环境；第二，强调产品与自然融合；第三，努力提升住宿、餐饮核心产品的精品水准，持续进行产品优化改良；第四，积极开展精细化管理，实施服务迭代创新；第五，塑造营地品牌形象，逐步形成核心竞争力。目前，华侨城汽车营地已成为林芝市新的旅游目的地、高端营地产业的先行探索者，持续打造的品牌文化提升了营地业态的影响力，获得了良好的社会效益，差异化战略对营地的良性健康发展起到了积极的促进作用。

关键词： 汽车营地　华侨城汽车营地　旅游目的地

一　项目背景

（一）国家扶贫政策导向

消除贫困、改善民生、逐步实现共同富裕，是社会发展的本质要求。我国先后印发《国家八七扶贫攻坚计划（1994—2000 年）》《中国农村扶贫开发纲要（2001—2010 年）》《中国农村扶贫开发纲要（2011—2020 年）》等重要文件，2017 年中央一号文件再次指出要扎实推进脱贫攻坚。

旅游业作为绿色朝阳产业，具有开放度高、返贫率低、投入产出率高、关联性强、成效显著等特点，在我国脱贫攻坚事业中具有天然独特的优势，正如《国务院关于促进旅游业改革发展的若干意见》所指出的，加快旅游业改革发展，可以推动中西部发展和贫困地区脱贫致富，对于促进经济平稳增长和生态环境改善意义重大。党中央、国务院把握大势，高瞻远瞩，多次提出要在西藏大力推进基本公共服务建设，突出精准扶贫、旅游扶贫，切实抓好特色产业、基础设施、生态环保三项重点，努力把西藏地区建设成为重要的世界旅游目的地。[①]

旅游扶贫工作关乎国家战略与民生，旅游扶贫无疑成为“十三五”期间旅游发展的着力点。为了更好地响应党中央的号召，扎实推进脱贫攻坚工作，深入贯彻落实旅游扶贫政策，目前，以汽车露营地为主要形式的旅游项目正在西藏地区蓬勃发展，丰富和完善了当地旅游产品的业态，为产业扶贫提供了新的案例。

出于对西藏地区汽车露营地发展现状的综合考虑，结合西藏地区的旅游目的地形象建设的需要，为提升旅藏游客的出行体验，在党中央的积极号召下，华侨城集团决定在西藏林芝打造一个高端的汽车营地，以助力当地脱贫致富，积极配合完成旅游扶贫政策的精准落地和实施。

（二）汽车营地立项背景

西藏自治区林芝市察隅县是深圳市对口支援地区。2016 年 5 月 1 日，时任广东省委副书记、深圳市委书记马兴瑞到林芝市考察

① 冯豪博、沈仲亮：《合力将西藏建设为世界旅游目的地》，《中国旅游报》2017 年 9 月 11 日，第 1 版。

援藏工作，返深后要求南山区对接林芝市精准扶贫。

由此，南山区人民政府联袂华侨城集团，共同完成此项精准扶贫任务。深圳市南山区、林芝市及察隅县党政领导与华侨城集团在多次研究、会谈、交流后，最终确定以汽车营地项目来进行产业扶贫，深圳市南山区人民政府委派区属国有企业深圳市深汇通投资控股有限公司，与华侨城集团公司授权的华侨城西部投资有限公司共同出资成立林芝市华侨城南山旅游投资发展有限公司，由其负责投资、建设、运营汽车营地项目。从 2019 年建成运营开始，在未来 10 年内每年提供专项资金用于支援察隅县 340 户 1556 人的定向扶贫工作。

二　营地概况

（一）国内汽车营地现状分析

1. 营地供给量

从目前国内的营地供给量层面来看，2015 年国内营地数量为 415 家（含在建营地，下同），2016 年国内营地数量为 958 家，同比增长 130.8%，2017 年国内营地数量为 1273 家，同比增长 32.9%，2018 年国内营地数量达到了 1690 家，同比增长 32.8%（见图 1）。[①]

国内的露营地发展起步晚于欧美，发展水平参差不齐，尚处于

① 《2019 汽车自驾运动营地行业发展报告》，第六届中国汽车（房车）露营大会，天津，2019 年 8 月 16 日。

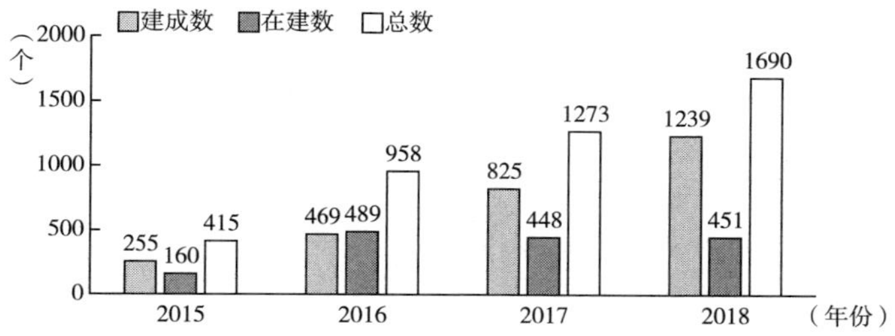

图 1　2015~2018 年中国露营地数量变化

初级阶段。首先，虽然近年来国内露营地发展势头迅猛，数量逐渐增多，但质量总体不高，与国外露营地相比仍有差距，而且缺乏知名品牌。① 截至 2018 年，国内星级汽车自驾运动营地数量仅有 46 家，只占当年营地总数的 2.72%。而营地星级评定主要考量的是汽车营地规模，不同于酒店星级评定的更关注品质，与国内汽车自驾营地量大质次的现状相契合，产品体验感不尽如人意。其次，受区位因素和人的传统观念的影响，以汽车自驾方式出行的游客并没有主动选择汽车营地作为沿途休憩点，导致国内汽车露营地行业整体的经济驱动力不强。另外，以川藏线为主的自驾线路受气候和地形影响，汽车营地运营的淡旺季特征明显。同时，营地相关服务产品迭代能力弱等短板非常突出，传统意义上的露营地已经不能满足人们多样化的出行需求。② 因此，国内露营地行业急需高端的汽车露营地，以补充和完善现有供给侧结构，为游客提供更多的选择。

① 港中旅房车俱乐部（北京）有限公司编著《中国房车旅行生活指南》，测绘出版社，2016，第 135 页。

② 《2019 汽车自驾运动营地行业发展报告》编委会编写《2019 汽车自驾运动营地行业发展报告（精编版）》，第 38 页。

在露营地的增量层面，近几年，露营地形式的住宿需求日益旺盛，国内汽车露营地供给增长迅速。在露营地整体行业急剧发展的大背景之下，汽车露营地作为一种有别于传统露营地形式的新兴露营业态，在未来的市场中是具有巨大的发展潜力的。因此，从营地供给维度来看，国内的汽车露营地还处在一个增量供给阶段，拥有值得深度挖掘的市场。而后，市场需求的高端汽车露营地，也必将成为汽车露营地业态中的主流。

所以，目前高端汽车露营地在露营地行业发展过程中大有可为。

2. 营地盈利能力

在盈利能力层面，与其他成熟产业相比，国内营地业的盈利能力普遍偏弱。如图 2 所示，2018 年中国露营地平均出租率不到 40%，淡季出租率为 21%，旺季出租率为 96%，淡旺季出租率悬殊。[①] 即使是国内优秀露营地，平均净利润率也仅为 8%，平均投资回报率为 4%[②]，近半露营地的投资回报率低于 3%[③]，更多的营地因投资回报期长，长期处于微利或者亏损境地。

形成这一局面的客观原因之一，是目前国内汽车营地的区位因素限制。汽车露营地主要集中在偏远的山区或丛林地带，受自然和地理因素影响显著，以本文考察对象林芝市为例，林芝地处高原，气候多变，季节交替明显，冬季经常出现大雪封山、封路的情况，

① 《2019 汽车自驾运动营地行业发展报告》编委会编写《2019 汽车自驾运动营地行业发展报告（精编版）》，第 14 页。

② 2017 年、2018 年中国露营地行业投资报告，载中商产业研究院《2018 中国房车露营市场研究报告》。

③ 露营天下、SMART 度假产业智慧平台：《2017 中国露营地行业投资报告》，第 22 页。

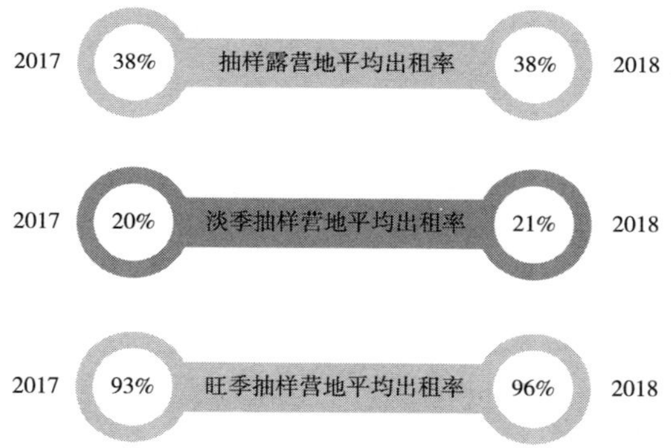

图 2　2017～2018 年抽样露营地出租率对比

资料来源：《2019 汽车自驾运动营地行业发展报告》编委会编写《2019 汽车自驾运动营地行业发展报告（精编版）》，第 14 页。

因此，游客出于安全的考虑，通常不会将汽车露营地作为留宿和出行的首选目标。这必然导致汽车露营地的经营呈现周期性停摆的状态，从而出现淡旺季出租率的悬殊。

由于营地建设所用材料品质的提升，高端的汽车露营地在一定程度上可以减少露营地受自然环境的影响，可以最大限度地提供全天候产品及服务，自然也会提升汽车露营地的经济效益，避免因气候条件导致的淡旺季运营差异，实现市场的长期稳定供给，同时也为行业提振信心，从而保障露营地行业的持续健康有序发展。

3. 营地消费特征

在中国，由于受到传统观念的影响，部分国民缺乏冒险精神，认为露营是一种危险程度较高的行为，所以，国内消费者对汽车露营地的接受程度较低，游客投入营地的消费预算总体较低，即使有所投入，也以经济舒适为主。如图 3 所示，我国年露营支出 5000

元以下的顾客占大部分，达54%。[①] 2017年，露营者的住宿平均花费为每天158元，与经济型酒店相当。[②] 另外，营地供给的产品普遍低端化、客户群体低价消费的心理和习惯的影响、竞争市场的激烈程度、淡季生存的困扰等因素，综合导致目前营地低端消费成为主流。

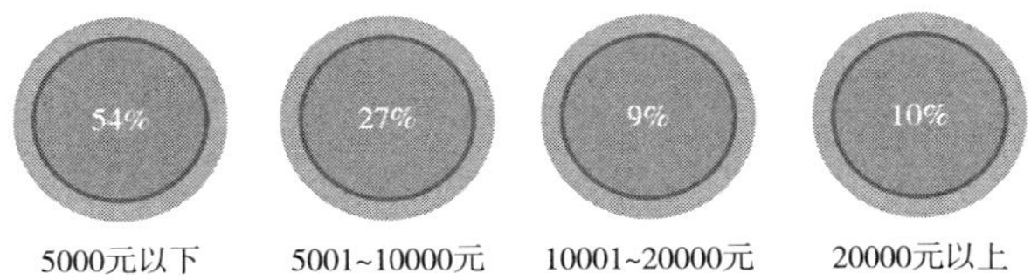

图3　消费者年露营支出情况

资料来源：《2019汽车自驾运动营地行业发展报告》编委会编写《2019汽车自驾运动营地行业发展报告（精编版）》，第26页。

我国西部地区属于社会经济欠发达地区，住宿条件和餐饮服务与沿海和内地城市相比有巨大的差距，并且受高原气候和海拔的影响，旅藏消费者最为关注的是营地设施，对营地提供的服务关注相对较少。[③] 另外，自驾游消费群体经常出没于公路郊外，供给者和消费者在很大程度上受周边环境、交通物流、人力资源、消费习惯和心理等因素影响，供给者难以提供标准化的专业服务，消费者也不会像在都市星级酒店、高端餐饮消费场所那样要求较高。因此，主观、客观方面都导致营地服务和设施长期处于较低水准的状态，

① 《2019汽车自驾运动营地行业发展报告》编委会编写《2019汽车自驾运动营地行业发展报告（精编版）》，第26页。

② 露营天下、SMART度假产业智慧平台：《2017中国露营地行业投资报告》，第8页。

③ 《2019汽车自驾运动营地行业发展报告》编委会编写《2019汽车自驾运动营地行业发展报告（精编版）》，第21页。

游客也会因此产生“有总比没有好”的消费降级观念。

所以，在藏区建立一个高端汽车营地迫在眉睫，通过打造高端汽车露营地，除了可以有力提升旅藏游客的体验感，“高端”的品牌效应也可以吸引具有一定经济实力的“高端”消费者，从而实现对营地周边经济的带动，助力扶贫攻坚计划。并且，在“以点带面”的辐射效应影响下，高端汽车露营地的塑造，可以有效反向刺激其他已有的露营地的改造升级，从而提升藏区露营地的整体发展质量。

（二）西藏汽车营地现状

具体而言，西藏地形复杂，以山路为主，平均海拔高，是摄影、户外探险、极限驾驶的很好选择。但藏区特殊的气候和交通条件局限性，也导致西藏露营地业发展缓慢，营地数量稀少，2016年、2017年藏区营地数量在全国均列倒数第四，仅略高于天津、宁夏及山西等三省区市。2016年至2017年藏区具体营地数量统计如表1所示。

表1　西藏自治区营地企业一览

年份	营地总数	在营数	在建数
2016	16	3	13
2017	20	11	9

资料来源：根据SMART与露营天下共同发布的《2016中国露营地行业报告》《2017中国露营地行业投资报告》整理而成。

同时，因每家营地投资额度、所处环境、管理模式有较大差异，产品售价也是参差不齐。住宿产品（营位）出租占总收入比重为57%[①]，我们可用客房售价为消费标准来衡量营地整体消费水平（见表2）。

表2 藏区部分营地客房售价一览

营地名称	地址	房型	产品类别	平日参考售价（元）	是否含餐	网评分
八宿然乌国际自驾房车露营营地	然乌镇瓦巴村	箱式标准间	集装箱	408	2份早餐	4.5
八宿中星阳光木屋营地	然乌镇然乌村	豪华标准间	木屋	308	否	4.6
波密通麦自驾游营地	波密县通麦镇318国道旁88号	标准双人间	砖房	118	否	—
当雄阿热湿地帐篷营地	当曲河西路赛马地	星空帐篷度假大床房	帐篷	588	否	—
林芝嘎玛康桑度假营地	布久乡米林农场第四管区核桃园	观景房标间	砖房	680	2份早餐	5.0

资料来源：根据2020年5月在线旅游携程网 www.ctrip.com 整理而成。

通过考察藏区营地产品发现，西藏自治区内的营地存在供给量不足、供给量增长速度偏慢的问题，难以满足日益增多的进藏游客，特别是沿途自驾游客的独特需求。由于大部分营地缺乏专业团队对其进行建设和运营，产品配置一般、人性化不足、服务设施有限，售价却与内地高档酒店持平，导致客户体验感较差，留下质价不符的印象，这也是目前国内营地普遍存在的现象和痛点。同时，藏区营地主要以客房出租作为收益来源，创收形式单一，服务行为在营地经营中的创收能力不足，这也是导致藏区营地建设普遍滞后

① 露营天下、SMART度假产业智慧平台：《2017中国露营地行业投资报告》，第5页。

的症结所在。

因此，在藏区建立高端的汽车营地，具有很强的现实意义。可以打破赴藏游客对汽车营地固有的“质价不符”的传统观念，以“高端”为出发点，重新塑造藏区汽车营地形象，提升自驾游客的住宿体验质量以及旅藏自驾游客的满意度。

（三）华侨城汽车营地概述

华侨城汽车营地是华侨城集团践行“央企入藏”、履行央企责任、助力边疆民族地区稳定发展的示范性引领项目，其经营收入专项用于对口支援察隅县的定向扶贫工作，并配合林芝市发展全域旅游。在粤藏两地政府的关心和支持下，汽车营地于 2019 年桃花节期间具备接待条件，2019 年 7 月对外试营业。

汽车营地位于林芝市巴宜区八一镇多布村，用地面积 29.1 公顷，濒临多布湖，交通极为便捷。第一期建设集湖景客房、木屋别墅、帐篷与房车营地、服务中心、营地餐吧、会议室、观景台等设施于一体，设有 50 间客房、70 个餐位及 50 人会议室，提供藏式过林卡、丛林探险及果园采摘等配套体验服务。

三 探索打造高端精品的路径

在旅游资源和旅游目的地的开发及建设过程中，与当地居民及旅游经营者产生一些误会和矛盾是无法避免的问题，为解决这一问题，华侨城汽车营地在建设过程中，运用差异化经营理念，努力做到与当地民俗文化共生共荣、和谐发展，并积极带动当地就业和经济发展。目前，鉴于国内露营地产业整体偏低端，华侨城汽车营地主要瞄准高端市场，打破传统的经营模式，将汽车营地打造成高端的休闲精品度假营地，并与其他大众化营地和当地酒店拉开距离，形成差异化共生市场。华侨城汽车营地的具体实施步骤主要如下文所述。

（一）规划设计

1. 选址依据

汽车营地的地理位置优越与否，将直接影响汽车营地的通达性和盈利能力。因此，汽车营地的选址主要遵循以下原则：

（1）符合国家、地区和城乡规划的要求。

（2）具有可利用的嫁接资源，减少不必要的投资。例如，拥有不可替代、风光绝美的旅游景观。

（3）具备交通优势，确保交通可达性。

（4）具备良好的自然条件，确保安全，满足防洪、防震、防地质灾害和环境保护的要求，减少对生态和环境的影响。①

与此同时，在综合考虑交通通达性以及毗邻地域旅游资源的情况下，汽车营地最终选择在多布村落地建设。多布村位于进藏必经的G318国道旁，紧邻林拉高速公路，交通便捷，通达性好，可以接纳沿途自驾游群体，吸引客源。另外，与多布村毗邻的地域区间内，拥有多布湖等众多自然旅游资源，具有极高的游览体验价值，

① 邓爱民、桂橙林：《汽车露营地规划与管理》，中国旅游出版社，2017，第99页；国家体育总局青少年体育司、中国登山协会组编《营地建设与管理》，高等教育出版社，2018，第2~5页。

为度假型汽车营地的建设和经营提供了得天独厚的条件。

2. 规划先行

在区域规划层面，以汽车营地为龙头，以多布湖为核心，以点带面，让以多布村为首的周边六村联动发展，整合周边零散的自然沟寨旅游资源，实现旅游观览功能互补，分享客源，形成“一湖两园三沟六村”的组合旅游资源和发展格局，打造以环多布湖为核心的林芝全域旅游示范地，实现区域性的精准扶贫和可持续发展。[①]

3. 精心设计

虽然汽车营地项目坐落于多布村，但与市区仍然有较远的距离，同时，周边主要用地也均由农田、山林和草地构成，营地的开发须进行大规模的基础设施配套建设，在综合考虑改造费用及建设时间上的限制后，结合林芝区域旅游特征、国内外露营地特点和国内营地建设运营标准[②]，营地建设选择以装配式和模块化为主的建筑产品进行搭建和运营。

装配式和模块化的营地建设方案虽然在规模上会有所限制，但模块化装配建筑材料可以在极大程度上适应高原地形和气候，依照山势而起，顺应河流而居，最大限度地提升了营地建筑与高原自然环境的融合度。并且，模块化和装配式建筑材料以集装箱或木屋为主，甚至直接以房车作为营地建材，具有方便运输和改造的特点，

① 深圳市艾肯弘扬咨询管理有限公司编制《林芝全域旅游资源调研及总体发展规划（第三部分：林芝全域旅游目的地战略规划）》，2018，第 9~44 页。

② 参考设计标准包括：《中国体育休闲（汽车）露营营地建设标准》、《汽车露营营地开放条件和要求》（TY/T4001-2013）、《（北京市）汽车旅游营地建设规范》、《（海南省）汽车旅游营地建设与服务规范》（DB46/T 331-2015）、《房车露营营地建设标准指南》等。

可以在短时间内实现营地的搭建以及对营地建筑的艺术化加工，在节约时间成本的同时，也为营地拥有较高的设计感增添了可能性，达到天人合一的建筑美感，增强游客的审美体验。

（二）营地建设

西藏地区被誉为“人类社会的最后一片净土”，高山雪域、草甸湿地、物种多样都是西藏的自然标签，多数游客也都是为了感受西藏独特的自然环境而进藏旅行的。但是，人类对大自然的破坏导致温室效应加剧，对西藏地区的自然生态环境的影响也正在显露，雪线上移、冻土消融、湿地枯竭等，正在严重威胁西藏地区的自然环境。所以，藏区汽车营地的建设，首要考虑的就是最大限度地降低对西藏高原自然生态环境的影响，节能、低碳、环保，应该成为高端汽车营地的时代标签，绿色经营应该成为汽车营地的企业灵魂。

1. 环保要素

高原气候多变，生态环境脆弱，土壤结构以冻土为主，在高原地区若以传统的建筑方式进行施工，除了耗时较长以外，对藏区高原的生态环境也会造成极大的危害，因此，汽车营地的建设施工首先要考虑环保。以装配式和模块化为主的建设方案，具有良好的移动性，轻便的建筑材料也不会对高原的土壤和植被造成不可逆的破坏，即使营地面临后续搬迁，营地区域内的生态也可以得到很好的恢复。所以，从这一层面上来讲，模块化和装配式的营地建设方案可以和藏区区域内的生态系统完美融合，在景观上不损害原始自然风貌，也给区域生态留下了足够的恢复空间。在保证生态结构稳定的条件下，合理追求经济和社会效益，使发展与环境有机统一，避免因开发和规划不当而破坏环境。①

汽车营地在建设发展过程中，以习近平总书记提出的“既要绿水青山，也要金山银山”为重要指导思想，牢固树立和践行“绿水青山就是金山银山”的发展理念，始终强调保护自然环境，秉承低碳绿色、生态环保的原则，坚持走保护和开发并重、生态与经济双赢的发展道路，坚持绿色发展、生态发展，因地制宜，精准发力。结合景观、产品、流线，利用现有的地形和植被设计安装装配式建筑，把对环境的影响降到最小，使人文设施与自然景观完美融合，既满足加紧建设、营造景观的要求，又在最大程度上减少对生态的破坏，让客人亲近自然、感受自然，为林芝人民留下绿水青山。

2. 节能减排

在汽车营地的规划建设过程中，采用符合环境保护和生态保护要求的建筑材料和设备，选择环保、节能产品。在建设工程中采用节能型建筑设计、结构、材料，提高建筑保温隔热性，减少能源消耗，部分辅助设施、材料和器具要使用可再生材料。②

西藏既是我国太阳能资源最丰富的地区，也是我国太阳年辐射总量最高的地区，开发利用太阳能的条件可谓得天独厚。因此，汽车营地在建设中将太阳能热水以及高效、节能、环保的空气能热泵系统用于服务中心和员工宿舍的冬季取暖，在不影响建筑美学的情

① 邓爱民、桂橙林：《汽车露营地规划与管理》，中国旅游出版社，2017，第 98 页。

② 国家体育总局青少年体育司、中国登山协会组编《营地建设与管理》，高等教育出版社，2018，第 58 页。

况下，尽可能利用自然能源来减少对环境的影响。

（三）打造精良的营地产品

1. 全力推进产品改良优化

营地产品属于非标住宿业态之一，受到自然环境、传统机制、人力资源等多种因素影响，与星级酒店相比标准化程度低、人性化不足、舒适度较差，这成为营地业经营中的一大痛点。

汽车营地在建设过程中，将高星级酒店的产品优势与营地建设运营标准相融合，使自驾游客在居住期间除了能享受到大自然美景以外，也能在藏区相对极端的气候环境下拥有舒适的居停、美食和文化体验。因此，在营地的产品配置中，为游客营造良好的体验式环境，成为汽车营地塑造品牌形象的重要举措。

汽车营地为了体现高端市场的品牌定位，首先，在建设过程中针对核心产品——客房进行升级换代。例如：由于集装箱工业化痕迹较重，游客体验舒适度有限，因此在集装箱客房改造中，顶部增设了白色张拉膜，既能遮挡炎日风雨，又美化了集装箱单调的外观，与周边雪山等自然环境融为一体；另外，改变集装箱原有的室内立面材料，安装落地窗和宽大阳台，虚实结合打破现代工艺与大自然的界限，尽可能把风景引入室内；为帮助游客适应高原气候，营地客房内的供氧设备已成为房间标配，免去游客身体不适的后顾之忧；五星级精梳长绒 80×60 支纱定制床品、科勒热带雨林花洒洁具、金可儿床垫、高速无线 Wi-Fi 和超大投屏电视等系列高配，都提升了客房产品的品质。又如，通过调整软硬件标准对木屋别墅部分客房进行优化，体现出差别，以提升游客居住的审美体验和功能体验。在保证环保的前提下，为全部客房设置独立卫生间，同时扩大卧室尺寸，从功能体验维度提升游客的价值感知；在客房的室内软装上，选择具有藏族独特文化风情的装饰品进行软装配置，使游客可以在客房中品味藏族文化，了解藏族风情，进而提升游客在居住期间的审美体验，提升游客的心理感知价值。

其次，在汽车营地的餐饮管理层面，突破了传统的烧烤、宴会或快餐形式，根据藏民饮食习惯引进藏式素食菜品，结合林芝当地新鲜食材的烹饪方式，实现食材选择及味觉提炼上的革新，为营地游客提供具有藏式特色的餐饮产品，以求满足斋戒游客的饮食需求。

2. 环境与产品融合

由于汽车营地的建设方式和建筑风格有别于传统建筑，汽车营地将游客服务中心和不同产品的客房（集装箱、木屋、房车和帐篷）设置在不同的区域，让客房成为游客与丛林、草地、湖畔之间的媒介，使游客充分亲近自然、放松自我，从而让游客深度体验当地工布藏族民族风情，实现了客房产品与当地地形地貌、自然环境的深度融合。

（四）实施酒店式精细化管理

1. 委托管理的运营模式

汽车营地按照华侨城集团“战区+兵种”的战略部署，建成后交由中国酒店业60强之一的华侨城酒店发展集团委托管理[①]，通过

① 《华侨城酒店集团荣膺“2018年度中国饭店集团60强”》，搜狐网，https://www.sohu.com/a/324860742_120181254。

专业企业的“管家式”运营服务，推行酒店式精细化管理，共享酒店集团的管理体系和会员系统，有利于汽车营地的可持续发展。汽车营地业主方仅进行资产管理和宏观监控，从宏观层面进行战略规划，把控后续发展方向。此种运营模式保证了汽车营地的专业性，也为汽车营地的良性运营打下坚实的基础。

2. 提升运营管理水平

因为汽车营地地处西藏边陲，有经验、能力强的住宿业人力资源严重匮乏，制约着营地的发展。为确保营地快速进入正常运营状态，迅速打开市场，汽车营地提出“三个提升”的近期管理目标，即“提升营地管理水平、提升人员专业能力、提升在行业的品牌知名度”。

汽车营地紧紧围绕这三个目标精耕细作，由酒店管理公司在开业前进行专项指导和检查；按照有限服务酒店标准进行培训和管理，并根据营地实际运营情况进行补充、提炼和优化；充分结合酒店管理公司运营标准和西部华侨城相关制度，建立并完善了一套行之有效的组织架构和运行机制，确保汽车营地在现有制度框架下灵活运营。在管理团队的不断努力下，汽车营地迅速走上正轨，在业内逐渐崭露头角。

3. 服务迭代和创新

汽车营地秉承酒店发展集团“专业服务、高效服务、卓越服务”的核心服务理念，潜心致力于打造“中国服务”品牌。因此，从筹备伊始便以打造度假休闲高端营地为导向，以提升游客体验感并超越游客期待为奋斗目标。

由于营地规模本身较小，面对为数不多的消费客群，汽车营地提出了“人人都是 VIP”的服务口号，即把贴身管家式亲情服务融入服务理念中，优化现有服务流程，全程高度关注宾客与营地之间的重要触点。例如，汽车营地开业前优化了前台入住和退房流程，入住前以短信、微信的形式提前与客人联系，提供路线、天气等咨询；入住时问候语中增加了藏语内容；增加了献哈达、迎宾甜茶的环节；增加了询问客人是否需要安排用餐，或者给客人用餐建议的服务流程（营地周边缺少餐厅）。

另外，除了经营烧烤项目，汽车营地还专门研发了互动体验式服务项目，加强宾客独特的体验感，以获得游客的青睐。其一是以“篝火燃情、共度林卡”为主题的藏式过林卡，目的是让客人了解西藏人文风光，体验西藏风土人情，感受独特工布藏族文化，增加营地二销收入。具体形式包括：由营地藏族员工向参与客户敬献哈达、敬青稞酒开启欢迎仪式，介绍林芝、工布藏族历史民俗和过林卡习俗，邀请客户点燃篝火启动点火仪式，营地藏族员工带领客户围绕篝火共舞工布锅庄，客户可点唱歌曲自娱自乐，等等。其二是蘑菇采摘。汽车营地结合林芝松茸美食文化旅游季、“西藏 20℃±奢野养生之旅”等活动，根据营地夏季盛产野生蘑菇的情况，由游客自愿报名参加采摘蘑菇的活动，重拾童年的野趣。采摘后的蘑菇经过检查确保安全后，可以现场处理加工，被端上餐桌，让游客立刻品尝亲手劳动的成果。

汽车营地的工作人员从游客入住时刻起，就保持与游客的沟通交流，提供与众不同的藏区食宿和文化体验服务，使游客留下难忘的宝贵旅行记忆。

（五）品牌塑造

汽车营地作为近年来新兴的旅游业态，以高体验性和与当地环境的高互动性，正在成为消费的热点，所以，华侨城汽车营地从战略层面积极打造营地品牌形象，在经营过程中迅速提高营地知名度和美誉度，打造汽车营地专属的文化品牌。

华侨城汽车营地作为扶贫项目之一，坚持“取之于民，用之于民”的理念，从藏文化中来到藏文化中去，并在国家政策的扶持下，实现汽车露营地产业与自驾游行业以及与当地社会经济发展的共荣共生，使得产业生态链不断丰富，并在此过程中践行企业的社会责任，从汽车营地企业的内在层面，加快企业文化建设由内而外塑造企业的高端品牌形象。

同时，企业以精准扶贫为契机，除实现企业的经济收益以外，也体现了企业的社会价值，获得了社会认可，获得了广大消费者的信赖和关注，以外部契机为切入点，直接正面地打造汽车营地企业形象，由此塑造起来的企业品牌也会得到潜在游客的信赖，这自然也成为企业的一笔无形资产。华侨城汽车营地通过苦练内功，逐步提升了软实力，塑造了具有中国特色的品牌价值，增强了品牌影响力，在业界和受众中创造了良好的口碑，先后荣膺“2019 四川公益项目”“中国酒店业优质服务奖”“2019 中国年度推荐旅游目的地酒店”“2018~2019 年度中国最美露营地”等多项殊荣，其所带来的潜在发展动力可以说是不可估量的。

综上所述，华侨城汽车营地既以企业内部的自我优化和净化，达到企业文化的振兴、企业社会责任的践行和企业经营的创新，又以国家精准扶贫政策为契机，同当地一同发展，立足于群众，服务于群众，用产业带动当地经济发展，在给当地百姓带来实惠的同时，也增强了企业的品牌自信，从而塑造良好的企业品牌形象。

所谓内外兼修，方得风清气正。人如是，企业亦是如此。

四　营地案例建设与运营的成效

（一）持续打造品牌文化，提升了营地业态的营销方式和影响力

林芝华侨城南山国际汽车营地试营业以来，通过全新人文旅游目的地的打造，增加了新的人文景点和住宿设施，丰富了当地的旅游资源和接待设施业态，成为林芝旅游形象的标志，改善了当地旅游环境，带动了周边旅游经济的发展与产业升级，已经成为川藏线上一个崭新的旅游目的地，创下良好的知名度和美誉度。围绕“大旅游、大产业、大发展”，以转方式、提质量、增效益的旅游发展模式，坚持“特色、高端、精品”原则，在旅游新业态培育和旅游与其他产业的融合发展的政策导向下，汽车营地先后接待了西藏自治区文旅厅、深圳市南山区人民政府、林芝市人民政府、广东省援藏队、巴宜区人民政府等粤藏两地各级政府领导以及四川旅游学院、四川自驾旅游高峰论坛等学界专家学者来此深度调研，得到了高度肯定。

很多客人通过抖音、快手、路书、微信朋友圈等媒介获知营地开业信息，前来营地参观消费，卓越不凡的产品品质受到客人的喜

爱和追捧，客人对营地客房、美食和美景赞不绝口，至今保持着国内主流在线旅游网站携程网4.9分的高分评价。

开业以来，中国旅游新闻网、中国报道网、《人民日报》海外版、中国自驾车旅游联盟网、西藏卫视、林芝电视台、林芝旅游官微、巴宜旅游官微、房车旅游网、旅搜网、路程网、去露营网、露营天下、房车露营家、行宿房车网、百度、网易新闻、腾讯旅游、新浪网、天天快报、今日头条、搜狐、一点号、大风号等多家旅游媒体、门户网站、行业专刊针对营地进行了相关报道。

（二）项目创造了较高的社会效益

为使林芝这片土地更加富饶、人民生活更加富足，华侨城携手深圳市南山区人民政府，积极承担央企的社会责任，投身精准扶贫的宏伟事业中。作为广东省政府重点扶贫项目，汽车营地积极响应各级政府及集团的号召，坚守扶贫事业，有效发挥央企的资源优势和产业优势，探索旅游产业驱动当地经济发展的精准扶贫之路，践行央企的经济责任、政治责任、社会责任。

汽车营地项目充分体现了国资委对党中央“央企入藏”“精准扶贫”政治任务的贯彻落实；是促进中央企业与西藏自治区优势互补、互利共赢、推动西藏自治区“十三五”规划实施的重要举措；是粤藏两省区拓宽援藏渠道、丰富援藏内涵、深化政企合作的精准扶贫项目；是落实林芝市“强企入林、强智入林、引金入林”发展战略的重大举措。

汽车营地的落成，将有利于进一步完善林芝旅游基础设施建设，整合旅游资源，提升旅游接待能力和水平，为广大自驾游爱好者提供更多更便利的旅游产品，有望成为林芝全域旅游新热点、自驾生活新地标。

汽车营地代表了华侨城品牌形象，是华侨城集团在全域旅游领域的发展新标志，是践行华侨城集团“文化+旅游+城镇化”全新发展战略和“旅游+互联网+金融”创新发展模式的新试点。

（三）差异化战略取得的成绩

差异化市场战略是指旅游供给方以某些既定标准为依据，将市场整体细分为若干市场面，针对每一个市场面的需求特点和环境形势，设计、生产、推销不同的旅游产品，以具有差异性的产品分别满足差异性的市场需求。……由于满足了不同市场面的需求，整个企业的销售额必然增加，而且会提高企业的知名度，增强顾客对企业的信任感。①

汽车营地从立项伊始，便确定了高品质、高规格、优服务的战略目标，融合社会各界力量形成合力，励志打造精品营地。第一，从规划设计入手，强调产品的人性化和舒适度，对营地业现有常用的住宿产品进行优化和提升，包括设计优化、户型改良、增加设备、顶级配置、软装提升、节能环保等，使同样的原材料达到最佳的效果。第二，强调产品与自然的融合，使人文的营地设施成为自然和谐的一部分，使游客在藏区相对极端的气候条件和自然环境下，能够得到在都市中一般的舒适休憩，换来片刻的宁静冥想，增加了度假营地的人文气息。第三，精细化管理和服务创新使游客深

① 林南枝主编《旅游市场学》（修订版），南开大学出版社，2000，第 348~349 页。

度体验到藏族风情和特色，提升了游客满意度。第四，通过公共关系、媒体宣传、品质提升等手段塑造品牌形象，实现产品的品牌溢价，最终形成自己的核心竞争力，提升顾客的忠诚度，提高了自身与上下游合作伙伴的议价能力，筑就了竞争的护城河。

318景观大道上的创业发展分析报告

郝　刚　孙　鸥*

摘　要： 面对自驾游发展过程中产生的新需求，旅游企业进行了多方位的创新和探索。本文以四川快捷叁壹捌汽车旅馆投资管理有限公司为例，深度解析了企业在汽车营地建设及连锁营运方面的经验，探讨了中国汽车营地建设及商业化运营的模式，提出“中国式自驾游营地”的设计与建设思考：营地要有中国特点，应以自驾游客为主体；要以“客户快乐体验至上”为宗旨；倡导以露营和充满野趣为特点的营地生活方式；旅游观光的线路产品要向“度假产品”转变；要力求将营地建设成具有重复性消费吸引力的场所。

关键词： 汽车营地　318公司　自驾游客

近年来，中国自驾游的快速发展催生了巨大的、特定的市场需求。成立于2007年的四川快捷叁壹捌汽车旅馆投资管理有限公司在满足自驾游市场需求，以及汽车营地建设及连锁运营方面进行了持续的探索，在中国企业对中国自驾游市场提供服务方面进行了实践。

* 作者简介：郝刚，四川快捷叁壹捌汽车旅馆投资管理有限公司创始人及董事长，兼任四川省营地与自驾游协会会长。孙鸥，四川快捷叁壹捌汽车旅馆投资管理有限公司董事长助理。

一　以“318”命名的创业实践和构想

四川快捷叁壹捌汽车旅馆投资管理有限公司（以下简称“318 公司”）创建于 2007 年，其名字源起于“中国最美景观大道”——G318 国道。318 公司以“满足自驾游爱好者驰骋天下、回归自然的渴望，让他们在传统旅游接待设施（星级饭店、经济酒店、社会旅馆等）之外，享受停驶随心、进出自如、行程保障的服务便利，体验以露营、晚会、野餐和自然为特色的快乐短期生活”为愿景，从成立伊始，就致力于建设符合国人需要的汽车旅馆和自驾游营地连锁体系。

作为四川省自驾游协会会长单位，318 公司率先在四川风景如画的旅游线路上，开创了一种新业态的自驾游营地连锁体系。经过 10 余年的努力，如今，自驾游和房车露营爱好者已经可以在四川、重庆、广州、青海、新疆等地体验到 318 自驾游营地所带来的乐趣了。与此同时，318 公司还将在自驾游的朝圣之地西藏拉萨、林芝建立自驾游营地，结合公司在西部的交通枢纽及青藏线的核心节点——青海省格尔木市建立的自驾汽车营地公园，连通川、青、藏，西进东扩，把四川“自驾游天堂”的旅游服务体系延伸到整个西部。到 2020 年，公司将初步建成一个由 50 个直营店和 100 个加盟店构成的连锁体系，实现“起步于三州，成型于四川，扩展到西部，影响至全国”的目标。

二　318公司在经营景观大道上的实践

318公司在经营景观大道、建设营地连锁体系上的创业实践主要包括以下方面。

（一）在精选的旅游大环线和小环线上布局，进行连锁体系建设

举例而言，青藏线和川藏线是大环线，由成都至泸沽湖，至丽江、香格里拉、稻城亚丁，再经理塘、康定返回成都也是大环线，而诸如贡嘎山24小时旅游圈和红原至九寨沟则可划为小环线。公司将由点到线，由线到面，用直营和加盟的方式来进行连锁体系建设。

（二）按功能划分配置营地

公司根据游客在旅游中对目的地和途经地的不同需求，在不同旅游线路的营地建设上，分别配置了有功能差别的驿站型（即途经地）营地、目的地型营地和景区依托型营地。

1. 以四川康定新都桥汽车自驾游营地为代表的驿站型营地

该营地作为中国十佳自驾游营地之一，是四川自驾游示范营地的代表。新都桥既是沿川藏线由南路和北路入藏的必经之地，又是“摄影家天堂”和贡嘎山西坡登峰的营地。公司在此建成的自驾游营地包含主题酒店、汽车旅馆、房车露营、帐篷露营和汽车维护及救援等功能，已成为游客进入四川甘孜州和西藏途中休息补给必选

之地。而且，新都桥自驾游营地也是沿川藏线南路和北路布局的起点。公司将再在西藏拉萨建设一个自驾游营地，加上即将在青海省格尔木市建设的汽车营地公园，公司在川藏线和青藏线上将占据三个重要节点。

2. 以格尔木汽车营地公园为代表的目的地型营地

格尔木位于连接甘肃、新疆、西藏、四川的枢纽地带，有“四省通衢”之称，是西藏通往内地的重要中转站和集散地，也是“穿越世界屋脊自驾青藏线”的必经之地，公司在此开发建设项目的定位是青藏线休闲度假目的地和青藏线自驾大本营。以极具特色的格尔木市“青藏线、高原生态、长江源、昆莱山、玉珠峰”资源为依托，建成“深度体验型”的青藏线大本营和国际标准房车营地，同时建成“长江源水世界”滨水主题游乐园，形成国际化汽车营地、休闲度假和游乐体验三位一体的旅游精品区。

3. 以九寨沟 · 上磨村自驾游营地为代表的景区依托型营地

该营地作为四川省自驾车营地规划中的“世界遗产国际自驾车旅游营地”示范营地，位于“大九寨”世界级旅游精品的九寨沟、黄龙机场快捷通道，紧靠九寨沟、黄龙景区入口门户，具有良好的区位优势。其开发建设的定位是建成“大九寨世界级旅游精品区”的特色鲜明、功能完善的综合服务型、景区依托型国际汽车营地，同时该营地也是四川省落地自驾精品线路的第一个示范点。

（三）落地自驾租赁和自驾游营地无缝衔接

2014 年，公司率先推出从康定新都桥机场到稻城亚丁机场，从红原机场到九寨沟黄龙机场这两条落地自驾游精品线路，采用落地取车、异地还车等方式来满足游客对时间、线路行程、旅游内容和多种服务的需求，为其提供一揽子解决方案和具体服务。公司从四川做起，将逐步在西部各省区市的航空港和支线机场建成落地自驾游服务体系。

（四）广泛应用信息化技术

积极探索线上网络支持，通过318官网、318手机官网、携程（战略合作伙伴）、艺龙（战略合作伙伴）、青芒果、去哪儿、同程、Agoda雅高达、京东商城、易游网、中国移动、中国电信等网站进行推广。通过搜索优化实现业务支持，利用百度、Google、360、搜搜、搜狗等搜索引擎，以及去哪儿的网站流量引导，微信推广等实现搜索优化，并实现网络订房等功能。

（五）多方位多角度合作促进企业发展

通过与中国青年旅行社、四川新东方国际旅行社、成都国际旅行社、光大国际旅行社有限公司、四川省中国国际旅行社、四川寰宇天涯国际旅行社有限公司等合作，实现资源共享与业务对接。运用直营、加盟和联盟的酒店、营地等经营方式实现与旅游目的地、景区资源的紧密结合。联合房车、汽车制造商、经销商、户外用品等形成“终端+数据+内容+服务+支付”的集成模式。

三　318公司自驾游营地连锁体系的特点

（一）以营地为载体的自由、时尚、开放、安全的住宿体验

这是一种与传统的星级宾馆、经济型酒店、社会旅馆和农家乐形成差异的新型旅游产品，对于越来越多的自驾游客而言，它比星级饭店实惠而开放，比经济型酒店自由而时尚，比农家乐舒适而安全，体验自驾游和房车露营生活在中国是一种越来越普遍的需求，人们都需要短期脱离自己熟悉的城市生活和工作环境，接近自然、放飞身心，营地生活特有的自然、野趣、原生态的歌舞晚会、野餐形式以及沐浴在星空下，摆脱钢筋水泥屋顶的露营方式，将给人们带来难得的感动和体验。

（二）以旅游线路和节点为布局要素

与布局在城市之间的经济型酒店连锁体系不同，以318自驾游营地为代表的连锁体系，重在连接旅游线路上的景区、城镇与乡村。对于自驾游客来说，它不仅是来回行程中可重复利用的接待设施，而且可以为游客提供“一揽子”解决方案，游客既能依托它解决“食、住、行、游、购、娱”等功能性需求，又能满足其休闲度假的体验性的情感与精神需求（如露营、野炊、晚会等）。

（三）以整合资源综合服务为特色

318公司自驾游营地连锁体系是一个可承载游客所需要的众多

产品和服务的开放的平台，凡是游客所需要的产品和服务，供应商们都可以用它作为渠道和销售终端来提供。通过借助专业化商家机构之力，318公司加快了供应链的供应速度，提高了供应链的响应能力，不仅能有效满足游客的诸多需求，而且形成了一种新的产业链和生态体系。比如，开发以地方风味为特色的美食，以原生态民族风情为特色，提供使游客参与其中的音乐、舞蹈等娱乐活动。

（四）以移动互联为服务手段建设智能家居

318公司自驾游营地连锁体系与移动互联网的三大终端——“手机、汽车和智能家居”紧密联系。手机是移动互联的核心终端，汽车正在成为第二波移动终端。从用户空间滞留度来看，智能家居会是第三波移动终端。手机、汽车加营地（智能家居）会成为一种城市和家庭之外的移动性生活方式的集中表现。

（五）以线上线下相结合的O2O模式为运营模式

318公司自驾游营地连锁体系依托线上线下的优势渠道，已形成线上检索、预订，线下体验的O2O模式。借助以上优势，一方面，可以把旅游线路、酒店、营地和景区整合成“套餐”菜单和“在线旅游个性定制的产品”供游客选择，适应旅游目的地日益细分的市场趋势。另一方面，也是更重要的一点，旅游的实地体验是不可替代的。这种物理渠道的网络体系与移动互联网的结合将改变旅游行业生态和人们的生活。318公司也将借此去理解、打造和提供更好的客户体验。

四　318公司营地建设中解决的实际问题

318公司在营地建设发展中得到了各地政府和社会各界的支持，发展趋势良好，但是也遇到了一些国内同行遇到的共性问题。

（一）营地建设中的土地供应与融资问题

在国内目前的法规政策条件下，土地供应是一个瓶颈，加上银行贷款融资的土地房产抵押条件，这些现实影响是中国营地建设必须面临的挑战。

问题集中表现为：缺乏旅游发展用地的有效供应，各地政府虽有政策但难以落实；农村集体农用土地在流转中存在许多限制条件（如对用途和可复垦性等要求，以及不能直接进入市场，不能搞商业开发等）；国有土地出让的高价和竞争使旅游服务企业难以获得土地。

对此，318公司在实践中探索总结出一些解决之道。如在靠近公路的集体林权地上，采用以林权地入股合作的方式；与国有林地、土地使用者合作；以兼并方式发展以及采用非固化土地的营地建设模式等。

（二）带动经济，解决当地居民收入的问题

以新都桥汽车自驾游营地为例，项目立项初期，考虑到新都桥在甘孜州旅游产业中的重要节点作用，公司希望通过自驾游营地这种新的旅游产业模式，不仅积极推动公司的发展，还对甘孜州旅游

产业的发展起到带动的作用。同时，公司也希望运用一种新的经营模式，即让当地居民参与到营地经营中的方式，使当地居民能与企业和谐共生，使当地百姓不离开家乡就能得到就业和发展的机会，实实在在地从旅游产业发展中得到收益，真正做到安居乐业。公司也能通过营地建设和经营提升新都桥地区的旅游接待能力和水平，从而为甘孜州的旅游发展提供新的产业模式的选择。在经济效益方面，以前农牧民经过一年的辛苦耕耘，种植青稞每亩最多获得几百元的收入，还要看天吃饭。现在与新都桥汽车自驾游营地合作，通过租赁土地和房屋一年可以收到几万元的租金。另外，新都桥汽车自驾游营地依靠四川快捷叁壹捌汽车旅馆投资管理有限公司的连锁经营模式，以连锁宣传模式为依托，提升新都桥在全国的知名度，也带动了新都桥当地食、住、行、游、购、娱的发展，间接提升了当地居民的收入。在社会效益方面，新都桥汽车自驾游营地在人员招聘上，始终坚持优先聘用当地居民的原则，通过公司专业化、标准化的培训提升了当地居民的就业技能，使其掌握了基础知识。目前出租土地的30多个农牧民都可以在营地打工赚钱，自己的子女也能在新都桥汽车自驾游营地中学习旅游经营、宾馆服务等知识，使当地农牧民在家中就能解决自身和子女的就业问题，有力地促进了当地经济的稳定和繁荣。与新都桥汽车自驾游营地的合作，为当地农牧民打开了一扇了解外界的窗户。与游客的接触、交流，转变了许多农牧民的思想观念。以前人畜共住、没有厕所的现象得到改善，农牧民越来越注重自己的生活质量，这也促使他们更加积极努力地通过自身劳动增收、致富，改善目前的生活状况。

五 “中国式自驾游营地”的设计与建设思考

第一，营地应有中国特点，应以自驾游客为主体，因此应该涵盖汽车旅馆、房车露营，以满足游客的多层次需求。同时，中国式自驾游营地设计和建设必须坚持生态环境保护的原则，形成一种可持续发展的绿色建设模式。

第二，中国应倡导以露营和充满野趣为特点的营地生活方式。当今，汽车不再是实用主义的代步工具，也不再是传统上炫耀性质的座驾，而成为生活文化的一部分。因此，目前 318 公司就在成都和新都桥的营地中，为越野爱好者提供了越野障碍赛道场地的训练体验，为汽车供应商和消费者提供了“体验深度自驾游活动”，从而增加了生动、刺激和有挑战性的体验内容。

第三，要以“客户快乐体验至上”为宗旨。在中国式营地建设中，其规划设计，平面布置，建筑结构、形式、风格、装修，功能设施和设备，除考虑安全便利外，还要以消费者短期改变自己惯常的生活方式，获得特定时空的快乐体验作为努力方向，争取将包含“美感”“声情”“接触”“感动”等客户快乐体验的设计思维贯穿于其中。

第四，要力求将营地建设成具有重复性消费吸引力的场所。对消费者有重复利用的价值，是设计和建设营地的出发点。

第五，旅游观光的线路产品要向“度假产品”转变。度假产品代表了一种新的生活方式，代表了未来。休闲度假已成为人类生活的必需品，318 公司及其连锁体系就是着眼于这样一种越来越大的市场需求，为人们拥有快乐的短期生活方式、瞬间的感动与美好的体验而努力。

图书在版编目(CIP)数据

川藏线自驾旅游研究报告. 2020 / 邱萍主编. -- 北京：社会科学文献出版社，2020.9
ISBN 978-7-5201-7202-8

Ⅰ. ①川… Ⅱ. ①邱… Ⅲ. ①旅游业发展-研究报告-西南地区-2020 Ⅳ. ①F592.77

中国版本图书馆 CIP 数据核字（2020）第 164138 号

川藏线自驾旅游研究报告（2020）

主　　编 / 邱　萍
副 主 编 / 司　嵬　毛　颖

出 版 人 / 谢寿光
责任编辑 / 张　萍
文稿编辑 / 韩欣楠

出　　版 / 社会科学文献出版社 · 当代世界出版分社（010）59367004
地址：北京市北三环中路甲 29 号院华龙大厦　邮编：100029
网址：www.ssap.com.cn
发　　行 / 市场营销中心（010）59367081　59367083
印　　装 / 三河市龙林印务有限公司

规　　格 / 开 本：787mm × 1092mm　1/16
印 张：15　字 数：172 千字
版　　次 / 2020 年 9 月第 1 版　2020 年 9 月第 1 次印刷
书　　号 / ISBN 978-7-5201-7202-8
定　　价 / 98.00 元